U0578524

A RESEARCH
ON THE
TECHNOLOGICAL INNOVATION LEVEL
OF CHINA'S EQUIPMENT
MANUFACTURING INDUSTRY

中国装备制造业
技术创新水平研究

李晓琳　／著

社会科学文献出版社
SOCIAL SCIENCES ACADEMIC PRESS (CHINA)

序 一

装备制造业是为国民经济各领域和国防建设提供技术装备的基础性、战略性产业，是支撑工业现代化和提升国家综合国力的重要基石。经过新中国成立后特别是改革开放以来的发展，我国建立了门类齐全、具有相当规模和一定技术水平的装备制造业体系，已经成为当之无愧的装备制造大国。当前，我国装备制造业正处在由大变强、爬坡过坎的关键阶段，必须把创新作为引领产业发展的战略支撑。

装备制造业在我国国民经济中的战略地位十分突出。它不仅是规模最大的产业门类之一，而且为冶金、石化、轻工、纺织、建材、电子信息、生物医药、航空航天、能源、基础设施等各产业和各领域提供大量先进技术装备，对这些产业和领域的技术进步起到强有力的推动作用。同时，在大数据、云计算、物联网等新一代网络信息技术的引领下，装备制造业正在成为各项工业技术集成的载体，为我国载人航天和探月工程、载人深潜、深地钻探、高速铁路、水电装备、核能利用等发挥重要支撑作用。

我们要清醒地看到，我国装备制造业与世界先进水平相比还有不小的差距，"大而不强"的问题仍然突出，重大装备对国内市场的整体满足度还不高，特别是高新技术装备、精微加工设备（如半导体加工设备）仍需大量进口。工业和信息化部对全国30多家大型企业130多种关键基础材料的调研结果显示，在高档数控机床、高档装备仪器、运载火箭、大飞机、航空发动机、汽车等关键件精加工生产线上，逾95%的制造及检测设备依赖进口。装备中技术含量高的配套产品，特别是芯片、航空发动机、机器人核心部件等还要依靠进口。出现这些问题，有多方面原因，但主要是我国装备制造业的技术创新能力还不够强，研发投入还不够多，缺乏像美国 GE、德国西门子、日本三菱等那样具有较强研发实力的大企业；我国装备制造业引进和跟踪模仿多，原始创新下的功夫还不够，加之国内自主创新产品推广使用难度较大，尚未形成创新引领产业发展的格局。

面对我国装备制造业由大变强、爬坡过坎的关键阶段，必须加大实施创新驱动发展战略的力度，采取有针对性的政策措施，着力加强自主创新能力建设，强化企业技术创新主体地位，提高创新体系整体效能，深化创新发展的体制机制改革，依靠创新实现引领性原创成果和核心技术、关键技术的重大突破，全面提高装备制造业的技术创新水平。

近年来，对装备制造业进行系统性研究的成果数量不多，特别是紧密结合我国装备制造业发展面临的新形势、以技术创新为视角的研究成果数量更少。本书对我国装备制造业技术创新水平的现状、发展趋势、行业特征、地区特征和关键影响因素进行了较为深入的研究，对创新过程中政府和市场的关系、政产学研的关系进行了较为深入的讨论，并提出了政策建议。期待本书的出版能引发各方面对装备制造业发展和创新的关注，并共同开展更深入的讨论。

王一鸣

2018 年 9 月

序　二

党的十九大报告对我国经济作出了"由高速增长阶段转向高质量发展阶段"的重大历史性判断。在新的发展阶段，做大做强实业是构建现代化产业体系、深化供给侧结构性改革的核心。装备制造业被称为"工业之母"，其发展水平对于我国未来实业发展乃至整个国民经济的发展质量提升都具有十分重要的意义。

当前，中国装备制造业正处于转型升级的机遇期、窗口期，也是严峻的倒逼期。我国装备制造业的发展现实不容乐观，内外压力要求整个产业的发展方式发生根本转变。从内部来说，长期以来我国装备制造业发展依托的低资源环境成本、低劳动力成本、低制度成本优势正在丧失，柔性制造、服务型制造、智能制造等新的制造方式对现有技术和产品形成极大的淘汰压力；从外部来说，全球金融危机之后，以美、德、日为代表的发达国家都高度重视制造业发展，装备制造业的全球价值链正在重新洗牌。这就要求我们抓住关键节点，推动整个产业往提升产业价值链和产品附加值为主的模式上台阶，抢占全球价值链的有利位置。

实现中国装备制造的可持续、高质量发展，必须突破创新这一瓶颈的制约。产业技术创新的过程一定是一个科技成果最终实现商业价值的过程。这个过程涉及的参与主体和生产环节众多，形成的创新网络复杂。对于中国装备制造业而言，如何顺畅有力地实现产业技术创新的全过程是一个迫切而生疏的问题。从发展阶段来看，与发达国家整体顺次升级不同，我国装备制造业发展水平高低混杂，既有一批进入国际第一梯队的前沿技术，也存在大量粗放型、低附加值产品，技术研发、产品品牌、科研投入等都与世界装备制造业强国有很大差距。从要素条件来看，实现产业创新所需要的人才、资金、技术等要素环境不容乐观。

　　本书作者长期从事经济体制改革研究工作，具有较高的经济学理论素养和较为扎实的经济研究功底。特别是近年来，作者对产业创新进行了持续研究，对产业发展的国内外形势变化进行了持续跟踪，都为本书的高质量完成打下了坚实的基础。本书从产业层面，就我国装备制造业技术创新水平进行了大量定性与定量分析，既有行业间的纵向比较，也有重点行业地区间的横向比较，扑下身子、细细展开，这种研究在现阶段是非常有必要的。本书在丰富的实证分析基础上，最终落脚于政策着力点，紧密结合实证分析结果，提出了观点鲜明、具有较高参考价值的政策建议。对于关注和研究我国装备制造业借力创新推动产业转型升级的各界人士和研究人员而言，本书是值得拥有的重要参考资料。

银温泉

2018 年 9 月

摘　要

装备制造业被称为"工业之母"，是国民经济体系的基础性产业。经过多年发展，我国装备制造业大而不强的特征依然明显。全球金融危机之后，国内外形势都发生了巨大变化，我国装备制造业正处于由中国制造向中国创造转变的关键转折期，创新是未来我国装备制造业转型升级的主线、主题。明确我国装备制造业技术创新水平特征和影响因素，对于明确产业创新路径、实现产业创新驱动具有重要的现实意义。本书通过大量定性和定量研究，对我国装备制造业技术创新水平的现状、发展趋势、行业特征、地区特征和关键影响因素进行了深度分析，力求客观、清晰地反映我国装备制造业技术创新的基础和特征，为提升该产业的技术创新水平提供有力支撑。

本书正文部分共分为九章，按照文献综述、理论支撑、产业背景研究、技术创新水平实证分析、政策建议的逻辑顺序展开。其中，第四章到第七章为本书的核心章节，从不同维度对我国装备制造业技术创新水平进行了定性和定量分析。根据装备制造业创新的内涵以及积累性和过程性兼具的二元特征，本书将技术创新水平解构为技术创新能力和技术创新效率，并进行了相对独立又相互联系的研究，这也是本书的核心创新点之一。

第一章为导论和文献综述，对与本书有密切关系的文献进行梳理、归纳、总结，为全书写作思路的形成提供有益借鉴。

第二章为本书的理论基础，对产业技术创新内涵的剖析，以及基于网络视角的解读，为装备制造业技术创新分析应涵盖的主要环节、主体、要素提供了理论支撑。本书通过对产业系统动态变化的累积性和过程性特征进行理论分析，得出研究我国装备制造业技术创新水平的解构思路。

第三章重点结合全球装备制造业的发展背景，对我国装备制造业的整体发展情况，以及代表性行业在全球产业链中的地位进行研究，这是我国装备制造业技术创新水平分析的关键背景和基础。在产业层面，采用 UN Comtrade 的数据对国际市场占有率（MS）和显示性比较优势指标（RCA）进行定量计算，发现我国装备制造业国际竞争力开始提升，但依然不强；在企业层面，依托于《2015 年世界机械 500 强》排名数据，可以发现，虽然在高铁、核电、船舶等行业，中国制造已经崭露头角，但与美、日、韩等国盈利性强的大企业相比，我国装备制造企业仍有明显差距。

第四章、第五章为行业维度的技术创新水平实证分析。第四章为基于因子分析法的技术创新能力评价。本书构建了包括创新经费投入、创新人力投入、企业参与产业技术创新的能力、技术获取和应用四个层次，以及十三项三级指标在内的指标体系。在此指标体系的基础上，基于因子分析法，对 2011～2016 年重点行业创新能力进行了评估。总体来看，2013 年以来，我国装备制造业重点行业的技术创新能力表现出下滑特征。基于实证分析结果，本书深入探究了不同行业技术创新能力的核心影响因素，并且结合我国装备制造业创新实践，对此次实证分析给予产业创新能力的启示进行了探讨。第五章基于改进的 DEA 模型、考虑一年的创新投入产出时滞，对 2012～2016 年重点行业技术创新效率进行实证分析，对实证结果从综合技术效率、纯技术效率、规模效率及规模报酬的角度进行了解读，并进一步通过敏感性分析找出影响各行业创新效率的关键要素，得出关于提升效率的关键启示。综合不同行业技术创新能力和效率评估结果来看，不同行业提升技术创新水平的着力点各不相同。

第六章、第七章分别选择了电子及通信设备制造业和医疗设备及仪器仪表制造业两个处于不同发展阶段的行业，进行进一步分地区技术创新水平研究。使用 2016 年的数据，对两个行业技术创新能力的地区间差异进行评估，然后基于黄金分割原则对因子分析结果进行聚类分析；以 DEA 模型为基础，进行分地区创新效率的实证分析；综合比对技术创新能力和创新效率的实证分析结果，得出两个行业创新水平的地域特征。

第八章总结归纳了美、德、日、韩等四个装备制造业强国的创新政策，基于前文实证分析得到的启示，结合我国装备制造业创新实践中遇到的主要障碍，提出提升我国装备制造业技术创新水平的政策建议。

第九章为核心结论总结。

关键词：装备制造业　技术创新能力　技术创新效率　因子分析数据包络分析

Abstract

The equipment manufacturing industry is the basic industry of the national economic system. After years of development, China's equipment manufacturing industry is large but not strong. After the global financial crisis, the situation at home and abroad has undergone great changes, and therefore China's equipment manufacturing industry is in a key transition period to improve the ability of innovation. Innovation is the main way of China's equipment manufacturing industry's upgrading. It is of great practical significance to define the technological innovation level characteristics and influencing factors of China's equipment manufacturing industry. Through a large number of qualitative and quantitative research, the paper makes a deep analysis on the present situation, development trend, industry characteristics, regional characteristics and key influencing factors of the technological innovation level of China's equipment manufacturing industry.

The thesis is divided into nine chapters. Chapter 4 to Chapter 7 is the core section of the thesis, which carries out the qualitative and the quantitative analysis from different dimensions of the industry's technological innovation level. The technological innovation level here is reconstructed into technological innovation capability and technological innovation efficiency, and the paper carries out the relatively independent and interrelated research, which is one of the core innovation points of the thesis.

Chapter 1 is the literature review, providing the beneficial reference for the full text writing.

Chapter2 is the theoretical basis of the paper. Through the connotation of the Industrial technology innovation and the interpretation of the network perspective, the paper provides theoretical support for the main factors that should be covered in the technical innovation analysis of the equipment manufacturing industry. Through the theoretical analysis of the cumulative and process characteristics of the dynamic change of industrial system, the paper draws a solution to the research of technological innovation level of China's equipment manufacturing industry in China.

Chapter 3 focuses on the overall development of China's equipment manufacturing industry and the status of representative industries in the global industrial chain. This is the key background and foundation of the industry's technological innovation level analysis. At the industrial level, the international market share (MS) and the revealed comparative advantage (RCA) were quantitatively calculated by using UN Comtrade data, and it was found that the international competitiveness of China's equipment manufacturing industry began to improve, but still not strong. At the enterprise level, relying on the "2015 World Machinery 500" ranking data, it was found that compared to the United States, Japan and Korea, China's equipment manufacturing enterprises still have a significant gap.

Chapter 4 and Chapter 5 are the evaluation of technological innovationlevel from the industry level. Chapter 4 focuses on the ability evaluation. An index system including fund input, manpower input, enterprise participation, technology acquisition and application is constructed. Based on the factor analysis method, the paper evaluates the key industries' innovation ability from 2011 to 2016. And it shows that the technological innovation ability has been declining since 2013. Then, the paper analyzes the key factors of technological innovation ability in different industries. And finally, combining with the innovation practice of China's equipment manufacturing industry, the inspiration of empirical analysis to industrial innovation capability is discussed. By using the improved DEA model and considering one year's innovative input – output time lag, Chapter 5 empirically analyzes the technological innovation efficiency of key industries from 2012 to 2016. The empirical results are interpreted from the perspective of comprehensive technical efficiency, pure technical efficiency, scale efficiency and returns to scale, and the key factors affecting the innovation efficiency of various industries are found through sensitivity analysis. Besides, the key insight to improve efficiency is excavated. Combined with the evaluation results of technological innovation capability and technological innovation efficiency, the key points of upgrading technological innovation level vary in different industries.

In Chapter 6 and Chapter 7, two typical industries in different developing stages are chosen to make empirical analysis on the technological innovation level in different provincial areas, which are electronic and communication equipment manufacturing industry, and medical equipment and instrumentation manufacturing. Using the data in 2016, the results of the two industry capability assessments were clustered based on the golden section principle. Based on the DEA model, an empirical analysis of innovation efficiency in different regions was conducted. Comparing the results of empirical analysis of technological innovation capability and efficiency, the regional characteristics of the innovation levels in the two industries were obtained.

In Chapter 8, by summarizing the experience of the innovation policy of the United States, Germany, Japan and Korea, combining with the main implications obstained from the empirical analysis results, policy suggestions are concluded.

The final chapter is the conclusion.

Keywords: Equipment manufacturing industry; Technological innovation ability; Technological innovation efficiency; Factor analysis; Data envelopment analysis

目 录

第一章

导论及文献综述

第一节　导论

一　装备制造业的内涵及特征

（一）装备制造业的内涵

装备制造业是指能够为国民经济和国家安全提供物质技术装备的一系列行业。本书对装备制造业的边界界定采用国家统计局发布的《中华人民共和国 2016 年国民经济和社会发展统计公报》定义[①]，包括金属制品业，通用设备制造业，专用设备制造业，汽车制造业，铁路、船舶、航空航天和其他运输设备制造业，电气机械和器材制造业，计算机、通信和其他电子设备制造业，仪器仪表制造业 8 个行业。根据 2017 年 10 月 1 日实施的《2017 年国民经济行业分类》（GB/T 4754—2017），装备制造业在制造业 C 纲目下，包含行业 33～40，具体行业对照参见附表 1。

（二）装备制造业的特征

1. 产业关联度高

装备制造业处于国民经济生产体系的基础层。装备制造业生产制造

---

① 《中华人民共和国 2016 年国民经济和社会发展统计公报》注释［14］。

了其他产业生产所必需的母机、基础零部件等，直接或间接关系到大量产业生产方式和产业发展的升级转型。某一产业的重大改变往往是从该产业生产所需要的设备创新开始的。

从装备制造业生产本身来看，作为重要的实体经济生产类型，装备制造本身就与钢铁、石油、煤炭、材料等上游行业，电子零部件和机械零部件加工等配套加工行业，物流服务、商务服务、信息服务、金融服务等生产性服务业密切相关。因此装备制造本身就与大量产业直接相关，形成了从原材料采购到零部件加工、委托加工，再到成套设备组装、销售、售后服务的绵长产业链条。总体来看，装备制造业具有很强的产业关联性，对于国民经济具有极强的带动作用。

2. 专业化较强、技术含量较高

装备制造，特别是重大技术装备制造具有较高的技术含量，装备制造往往承载了前沿技术的转化，其产品的更新换代大多需要大量吸收最新的科技成果和产业技术。从全球来看，装备制造本身的创新活动较为频繁，并且伴随着全球制造智能化、信息化、绿色化大潮的兴起，装备制造的专业化程度逐步提升，对新技术、新工艺的应用越发积极和深入，对人工智能、云计算、新材料的应用和结合愈加密切，装备制造的高技术属性将不断强化。

3. 与传统制造联系紧密

装备制造具有技术含量高、创新性强的特征，但同时又与传统制造业密不可分。大量装备制造产品是传统制造的核心设备，因此装备制造又被称为"工业之母"，是用先进科学技术改造传统产业的重要载体。

4. 关系国家安全、国计民生

装备制造业涉及门类广、产业链条长，与国民经济生产的方方面面具有直接或间接的关系。装备制造业水平高低直接反映出一个国家工业体系的技术实力，以及生产配套的综合水平。同时，装备制造业中又不乏航空航天器设备、船舶、大型信息处理设备等事关军事实力、国家安全的重要行业。形成这些设备生产的竞争力，也是国家实力的重要体现，特别是掌握核心设备的核心技术，对于提高我国国际话语权、维护国家安全具有重大意义。

二　研究背景及意义

装备制造业是一国国民经济的基础性产业。在面临内外双重发展机遇和挑战的背景下，我国装备制造业迫切需要通过创新驱动实现转型升级。客观、清晰地展现我国装备制造业技术创新水平，对于明确产业创新发展路径、推动当前及未来一段时期中国制造业全面升级、抢占全球产业分工制高点、促进国民经济健康发展具有重要的理论和现实意义。

一是装备制造业的转型升级是整个国民经济效率提升的支柱。装备制造业被称为"工业之母"，具有产业关联度高、技术资金密集、吸纳就业能力强等特征。从全球来看，装备制造业在国民经济体系中占据重要地位。它是国民经济体系进行生产的基础性行业，是推动不同产业转型升级、创新驱动、实现生产革命的原动力，是实现整个国民经济生产现代化的核心载体，对国家安全、国计民生和国家竞争力都具有重大影响。2017 年，装备制造业增加值增长 11.3%，占规模以上工业增加值的比重为 32.7%（国家统计局，2018）。装备制造业的发展水平和发展质量对于我国整个工业体系的优化提升具有基础性、决定性作用，装备制造业的转型升级是整个国民经济效率提升的支柱。

二是全球发达经济体制造业回归、新的生产方式兴起，我国装备制造业发展需把握住关键节点。全球产业格局正在快速调整，内外种种形势的变化迫切要求我国装备制造业抓住这一历史机遇，加快转型升级。全球金融危机之后，新一轮工业革命的序幕已经开启，全球产业链正在重组。在吸取了金融危机的经验教训之后，以美、德、日为代表的发达国家都对制造业表现出高度重视，推出一揽子振兴制造业的计划。各国试图通过实施"再工业化"战略，重塑制造业竞争优势，以期提振经济、抢占未来全球产业分工的制高点。新的制造方式正在兴起，主要包括柔性制造方式、服务与生产紧密融合、智能化制造等，都对我国装备制造业的发展形成严峻的考验。这种考验既是挑战，也是我国重新参与全球产业链价值链分工、提升我国产业地位的契机。这就要求我国装备制造业抓住全球制造业再洗牌的关键节点，占据有利位置。

三是国际贸易摩擦日益加剧，装备制造特别是高技术装备制造成为国际贸易摩擦的关键。美国对我国的重点限制领域集中于新制造、新信息、新材料、新能源，装备制造业，特别是高技术装备制造成为重要的受限领域。从日美贸易摩擦的历史来看，在中国制造扩大全球影响力的过程中，必须越过美国阻碍的门槛。越过这道门槛的关键在于掌握核心零部件、核心装备生产技术，增强自身的话语权。

四是我国装备制造业大而不强，中国制造需要向中国创造转变。经过多年发展，我国已经成为装备制造业大国，但大而不强的特征明显。与国际先进水平相比，我国装备制造业核心技术和核心产品少、基础制造水平落后、低水平重复建设、产业附加值低等问题仍然十分突出。过去一段时期，中国制造依托成本优势、规模优势、制度优势，获得了快速发展，但这些优势正在丧失，企业和产业的可持续发展面临严峻挑战。

我国装备制造业已经处在变革的关键期，亟须获得新的竞争能力，创新将是未来我国装备制造业转型升级的主线、主题。从国际形势及我国自身条件来看，装备制造业的发展都需要通过技术创新实现转型升级。发达国家及新兴经济体纷纷积极抢占制造业发展的先机，在新一轮技术革命中获得自己的一席之地，我国装备制造业发展也要不甘人后，不断提高技术含量。我国作为传统的制造业大国，过去的低劳动力成本、低资源消耗成本等比较优势正在消失，且不可持续，要想在全球产业链中占据领先位置，必须依靠技术创新提升自己的附加值。同时，装备制造业又是事关国计民生、国家安全的基础性行业，拥有自己的核心技术也是未来我国能够掌握自身话语权的重要筹码。

党的十八大以来，以习近平同志为核心的党中央将创新作为事关全局发展的重大战略，明确实施创新驱动发展战略。创新将是引领我国经济高质量发展的第一动力。提升我国装备制造业发展水平、抢占全球产业链制高点，只有依靠源源不断的创新提供动力才有可能实现。依靠创新实现核心技术的突破，取得一批有影响力、具有世界领先水平的技术成果和产品，全面转变我国装备制造业旧有的发展模式和发展路径，将是未来我国装备制造业转型发展最有力的抓手。2015 年 5 月 8 日，《中国制造 2025》指出，明确实施制造强国战略，由中国制造转向中国创造，实现我国制造业由大到强的转变。

五是明确技术创新水平特征和影响因素对于我国装备制造业实现创新驱动具有重要的现实意义。我国装备制造业发展基础与发达国家不同，决定了我国装备制造业技术创新的基础和影响因素具有自身的特征。例如，我们强调要推动信息化与工业化融合、发展高端制造，与德国工业 4.0 的设想有所类似，但必须看到我国与德国等传统制造业强国的发展基础有很大不同。德国制造已经基本完成工业 3.0，可以整体过渡到工业 4.0 阶段。而中国制造所处的阶段是高低混杂，工业 2.0 与 3.0 并行，技术研发、产品品牌、科研投入等条件都与传统强国有很大差距。因此，本书通过大量实证研究对我国装备制造业技术创新水平的现状、发展趋势、行业特征、地区特征和关键影响因素进行深度分析，力求客观、全面地反映我国装备制造业技术创新的基础和特征，为推动我国装备制造业技术创新水平的提升提供有力支撑。

三　主要研究内容及技术路线

除结论外，本书共分为八章，按照文献综述、理论支撑、产业背景研究、技术创新水平实证分析、给出政策建议的逻辑顺序展开。本书将技术创新水平解构为技术创新能力和技术创新效率两个角度，这两个角度既相对独立又相互联系。技术创新能力反映的是产业通过一段时期的积累所形成的创新水平，这种积累既是对过去的总结，也是对未来创新潜力的测评。技术创新效率是指创新投入、产出的转化水平，是对过程优劣的评估。本书通过定性与定量相结合的分析方式，特别是大量扎实的实证分析，对我国装备制造业技术创新能力和技术创新效率进行了力求客观、清晰的研究，并通过实证研究结果对现阶段影响我国装备制造业技术创新水平的因素进行辨别，在此基础上提出提升我国装备制造业技术创新水平的政策建议。

本书的技术路线参见图 1－1。

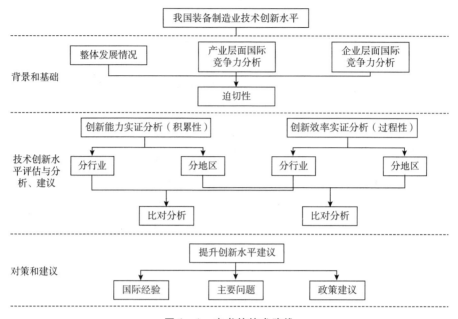

图 1 – 1 本书的技术路线

正文研究内容如下。

本书第一章、第二章完成了概念界定、文献梳理、理论支撑等基础性准备工作。

第三章重点结合全球装备制造业发展背景，通过定性和定量分析，对我国装备制造业的整体发展情况，以及代表性行业在全球产业链中的地位进行分析。这是我国装备制造业技术创新水平分析的关键背景和基础。

第四章到第七章是对我国装备制造业重点行业技术创新水平不同维度的分析，构成了本书的核心内容。挑选具有高技术特性的行业作为我国装备制造业的重点行业，包括航空航天器设备制造、电子及通信设备制造、计算机及办公设备制造、医疗仪器设备制造和仪器仪表制造等行业。

第四章、第五章为行业维度的技术创新水平实证分析。第四章为技术创新能力评价，首先构建能力评估的指标体系，在此基础上基于因子分析法，利用 2011～2016 年的数据对重点行业技术创新能力进行评价。第五章基于改进的 DEA 模型对重点行业技术创新效率进行实证分析，并通过敏感性分析找出影响各个行业创新效率的关键要素。基于实证分析结论，探讨影响我国装备制造业技术创新水平提升的关键点。并通过二者比对，对不同行业技术创新水平特征和提升路径做出判断。

第六章、第七章分别选择了电子及通信设备制造业和医疗仪器设备及仪器仪表制造业两个处于不同发展阶段的行业进行进一步分地区的技术创新水平研究。使用 2016 年的数据，对两个行业能力评估结果，基于黄金分割原则进行聚类分析；以 DEA 模型为基础，进行分地区创新效率的实证分析。综合比对技术创新能力和创新效率的实证分析结果，得出两个行业创新水平的地域特征。

第八章通过总结归纳装备制造业强国创新政策的经验，结合我国装备制造业创新实践中遇到的主要障碍，提出提升我国装备制造业技术创新水平的政策建议。

四 创新之处

本书的创新之处主要体现在以下几个方面。

一是将技术创新水平这个命题解构为技术创新能力和技术创新效率，创新性地界定了在本书命题逻辑下技术创新能力和技术创新效率的内涵，形成了明晰的分析框架。技术创新水平是产业创新系统动态变化的结果，基于这种动态变化兼具积累性和过程性特征，本书将装备制造业技术创新水平评估分解为技术创新能力和技术创新效率评估。技术创新能力反映的是产业通过一段时期的积累所形成的创新水平，这种积累既是对过去的总结，也是对未来创新潜力的测评。技术创新效率是指创新投入、产出的转化水平，体现了动态变化过程的效率和优劣。这两个概念既相对独立，又相互联系，构成了对本书研究命题的有力支撑。本书对技术创新能力和技术创新效率都进行了分行业、分地区的纵向和横向实证分析，并且将两项分析结果有机结合起来，进行深度解读。

二是对我国装备制造业发展现状分析不再局限于自身比较，而是置于全球产业链之中，对我国装备制造业重点行业在全球产业链中的位置进行实证分析。

三是对我国装备制造业技术创新能力评估构建了包括创新经费投入、

创新人力投入、企业参与产业技术创新的能力、技术获取和应用四个层次十三项三级指标在内的指标体系。该指标体系区别于以往研究的主要创新点，体现在其充分考虑了企业在产业创新网络中的角色，将企业参与产业技术创新的能力作为产业技术创新能力评价的一类核心标准，这样就把企业的作用纳入产业创新能力评价中来。另外，指标体系构建过程中考虑了各种创新来源及创新应用途径，以相对性指标构建三级指标体系，剔除高度相关指标，对三级指标的选取突破了已有衡量框架。

四是采用因子分析法对我国装备制造业技术创新能力进行了分行业和分地区的评估。采用因子分析法能够最大限度地降低指标之间相关性带来的影响；避免主观赋权而带来的结果偏差，提高结果的可信度和客观度；同时，还能够最大限度地在保持原有所有信息的基础上，简化分析的难度和步骤，抓住问题的主要矛盾，使分析结果对现实更具有指导意义。

五是利用改进的 DEA 模型进行了分行业技术创新效率的分析。区别于传统的 DEA 模型，改进的 DEA 模型通过添加虚拟决策单元，能够更加精确地区分不同决策单元之间的效率差异，并对得到的效率分析结果通过敏感性分析找出我国装备制造业技术创新效率的关键影响因素。

六是选取了处于两个不同发展阶段、具有不同创新水平特征的细分行业，对地区技术创新能力评估结果，进一步按照黄金分割原则进行聚类分析，区分了不同能力梯度上的地区，并对地区创新特征的变化进行了分析。

第二节　文献综述

一　关于技术创新内涵的研究

学界公认熊彼特（1912）是创新理论的创始人。他认为创新是建立新的生产函数，将生产要素和生产方式重新进行组合，并应用到生产之中。技术创新是创新理论最重要的组成部分。熊彼特之后，很多学者给出了自己关于技术创新的定义。索罗（1950）认为技术创新的两个必备要素是新思想的来源和阶段的发展，这一观点也指引了之后关于技术创新理论的研究。Utterback（1974）认为技术创新与发明不同，前者是首次应用一种技术，后者则是创造出原本不存在的新技术。Nelson 和 Rosenberg（1993）认为企业得到新的产品设计和生产工艺，并在生产中加以应用，这一过程就是技术创新。经济合作与发展组织（OECD）关于技术创新的定义，也是目前应用较为广泛的定义。OECD 认为新产品、新工艺以及产品和工艺的明显变化，都属于技术创新。其中，产品创新是指生产市场没有的或者技术上有显著突破的新产品，可以分为新产品生产制造和已有产品性能的重大改造。工艺创新是指采用新的或者显著改进原有水平的加工工艺和生产技术。

从国内来看，许庆瑞（1990）第一次以商业的形式定义技术创新，认为技术创新的过程就是通过商品生产将科学知识转化为生产力的过程。远德玉（1994，1998）认为技术创新是知识转化为产品的过程，并且最终为技术使用企业带来经济收益。傅家骥（1998）强调企业家在技术创新过程中的核心作用，认为企业家是实现生产要素重新组合，生产出新的产品或提供新服务的主体。

综上研究，本书所采用的技术创新内涵包括所有与新技术（含新产品、新工艺）的研究开发、生产及其商业化应用相关的经济技术活动。

二　关于产业技术创新的研究

自 20 世纪 70 年代开始，美国学者弗里德曼首次较为系统地提出了产业创新理论。西方经济学界兴起了产业层面创新的研究。Geroski（1995）分析了技术创新对产业演进的作用，认为旧产业、旧技术终将被新产业、新技术所代替。Klepper 等（2001）通过建立产业生命周期规范化模型，从动态分析的角度，指出了技术创新与产业周期发展之间的紧密联系。Los 和 Verspagen（2000）、Wolfgang 和 Kerber（2004）通过对美、德等典型国家制造业，从合作研发溢出、专利和创新绩效等角度进行的实证研究，认为技术创新能够带来制造业竞争力的整体提升。Gereffi 等（2005）

认为通过创新提升制造业竞争力是制造业转型升级的重要方式，这一过程关系到国家、企业之间以及企业内部，具体包括组织创新、体制创新、技术创新、产品创新、贸易创新等方面。

国内学者的研究主要集中于技术创新对产业发展的作用。傅家骥（1998）认为技术创新是产业转型升级的决定性因素。高翔、程瑾（1999）将产业分为传统产业、新兴产业、高技术产业，并通过实证分析认为技术创新对高技术产业的效益要明显高于其他两类产业。史忠良、何维达（2004）探讨了技术创新影响产业发展的路径，认为技术创新主要是影响了市场供需结构，从而影响了产业组织，而并非直接作用于产业本身。总体来看，产业技术创新从不同的角度对产业的发展产生重要影响。

三　关于我国装备制造业发展情况的研究

关于我国装备制造业发展情况，不同学者从不同的视角切入进行了研究。

有些学者从宏观上研究了装备制造业和国民经济增长的关系。唐晓华、李绍东（2010）利用 VAR 模型，对经济增长和装备制造业的关系进行了实证分析。实证分析结果显示，装备制造业的各个部门对国内生产总值的贡献在不断增大，且影响力系数明显比国民经济平均水平要高。

一些学者对不同地区装备制造业发展模式进行了研究。杨砚峰、李宇（2009）采用系统动力学的方法，构建了仿真模型，并从投入和产出两个角度对辽宁省装备制造业技术创新情况加以衡量，设计了三种装备制造业发展模式，模拟结果表明企业集群式—推拉结合模式是辽宁省装备制造业中长期理想发展模式。吕国庆等（2014）利用发明专利数据，对1985～2010年长三角装备制造业产学研创新网络的结构及空间特征进行分析。研究发现，长三角装备制造业产学研创新网络正处于初级阶段，区域内各城市的产学研空间分异特征明显。

总体来看，装备制造业对我国国民经济具有关键性、基础性作用，我国装备制造业在全球价值链中的地位还不高。本书研究过程中，对我国装备制造业发展基本情况的研究不再局限于中国产业自身，而是将其置于全球产业链中进行判断。且已有研究显示装备制造具有区域性特征，因此对我国装备制造创新水平的分析应该考虑地区间差异。

四　关于我国装备制造业技术创新情况的研究

近年来，从创新的角度解读我国装备制造业发展情况成为学者关注的重点，不同学者通过不同的研究方式对我国装备制造业创新特征、影响因素、发展水平得出了不同结论。

一些学者对我国装备制造业创新能力的影响因素进行了分析。王章豹、吴庆庆（2006）指出我国装备制造业缺少关键技术、自主品牌和一流企业，主要是自主创新能力差，造成一定程度的产业空心化现象。他们建议将提高装备制造业的自主创新能力提升到国家发展战略的高度，具体从创新主体、创新途径、创新方式、创新管理和创新政策五个方面提升我国装备制造业自主创新能力。韩晶（2009）将装备制造业作为模块化生产网络进行分析。在这一网络中，发达国家跨国公司是核心，掌握关键模块；发展中国家企业是模块制造商，处于从属低位。模块化分工下，中国装备制造业自主创新能力受制于跨国公司强大的买方势力和自身创新体系的欠缺，与世界先进水平还有较大差距。因此，推动我国装备制造业自主创新应关注创新网络的建立和创新环境的优化。胡静寅等（2011）对我国装备制造业和外商直接投资的相关性进行了实证分析，认为对我国装备制造业而言，外商直接投资限制了产业创新能力。一些学者对装备制造业或装备制造业某一细分行业的技术创新能力或创新效率进行了评估。徐丰伟（2011）基于产业技术创新协同的角度，提出产业创新内外部协同和产业自身创新能力，共同构成了产业技术创新能力。原毅军、耿殿贺（2010）使用随机前沿生产函数，就装备制造业研发效率进行了实证分析。分析结果显示，影响装备制造业研发效率的主要因素包括企业规模、产业结构、政府政策以及企业 R&D 经费支出结构。韩晶（2010a）采用两阶段分析法，分别使用数据包络分析法与 Tobit 回归分析法，对我国装备制造业 38 家上市公司 2003～2008 年的经营效率进行评价，指出我国装备制造业应加强创新体系建设，积极促进技术市场发展，增强政策支持力度。

　　总体来看，现有研究对我国装备制造业创新情况的分析角度比较多，但近年来关于装备制造业创新情况最新发展的研究不多，综合不同角度对我国装备制造业技术创新情况展开全面、系统的研究较少。很多研究在分析产业创新影响因素的过程中，没有区分产业创新本身的影响因素和进一步影响这些直接因素的间接因素，分析逻辑和思路不够严密。

第二章

理论基础

第一节 对装备制造业技术创新的理解

创新理论不断发展，从最初的企业层面扩展至国家层面，再聚焦于产业层面。产业层面处于中观层面，从产业层面谈技术创新就是将创新的视角定于产业，但产业技术创新并不是与微观、宏观层面条件割裂开来的。本书将基于产业创新系统的视角展开具体剖析。

一 技术创新的内涵

本书使用的技术创新概念，涵盖所有与新技术的研究、开发和生产，以及进行商业化转变相关的经济活动。从创新模式上看，可以分为原始创新、模仿创新、集成创新。

原始创新来源于创新系统内部，是指具有突破性的新概念、新技术、新工艺，其结果是具有绝对领先性的，能够带来基础研究领域、高技术领域或重大工程项目的根本性突破。原始创新成果通常能够给创新主体带来较大的收益，但同时也伴随着高风险、高投入、周期长的特征。

模仿创新来源于创新主体系统外部，是指跟随率先创新者，引进、购买核心技术，并在此基础上进行深度消化吸收、再创新。尽管这种创新模式的获利空间通常小于原始创新，但风险、成本比较低，对于技术相对落后的创新主体来说是一种常见的选择。

集成创新是指创新行为体综合各种要素，充分考虑内外各种条件，即研发、生产、销售各个层面的情况，选择适宜的要素进行合理搭配，形成一个要素优化配置、优势互补的有机整体。通过各种要素间的相互作用，这一有机整体进行创新活动。

二 产业技术创新内涵

本书对产业技术创新的理解为：新产品、新工艺的设想被提出来以后，经过技术开发、技术应用、生产、商业化到产业化整个过程的一系列活动。总体来看，产业技术创新是一个涉及主体众多、结构复杂且不断发生动态变化的过程。

从产业技术创新的内涵来看，评估产业技术创新水平需要综合考虑从新技术研发到新产品商业化、产业化的整个过程；考虑企业、政府、科研机构等不同主体参与创新链条的特性；考虑创新活动的动态特征，兼顾过去的积累和未来的发展潜力等各种因素，多角度、多维度地对技术创新水平进行评价。关于造成产业技术创新差异的影响因素，相关研究也有很多。较有代表性的是 Malerba（2009）的结论，他认为产业技术创新差异主要由四个要素条件决定：一是机会条件，指对研究开发进行一定投资后产生创新的可能性，我们常说的投入情况就是机会条件；二是可占用性条件，指保护创新不被模仿和从创新中获利的可能性，例如各类专利成果就是可占用性条件；三是创新活动的连续性条件，是指创新活动是由一系列具有相关性的活动构成的，在这个过程中，技术知识不断得到积累；四是知识基础特性。

三 对本书的启示

本书对产业技术创新的理解涵盖知识获取到新技术产品化、商业化的全过程，以实现新知识、新技术的商品化、产业化转化为实现产业技术创新全过程的标志。投入要素、创新知识水平和可获得性、创新网络建设等都是影响产业技术创新的重要因素。

第二节　基于网络视角分析装备制造业技术创新

一　从网络视角分析技术创新活动的理论发展

从线性视角转向网络视角的研究创新活动，是创新理论的重要发展。通过网络视角能够将微观与宏观结合起来，更加系统、全面地研究影响创新的因素。对影响新网络形成的动力机制的研究可以为政策制定者提供借鉴。

20世纪70年代，相对现实中科学、技术和市场在技术创新产生过程中复杂的交互作用而言，线性模型显得过于简单，其局限性逐渐显现，交互型技术创新动力机制应运而生，这可以看作线性模型与网络模型之间的过渡。20世纪80年代，一些学者又提出了交互式环链模式。交互型技术创新机制试图把传统的技术创新模型结合为一个更加全面的模型，但它仍然无法说明环境在企业技术创新动力产生过程中起到什么作用，由此网络研究的视角逐步兴起。经济地理领域的学者首先表现出对创新网络研究的兴趣。萨克森宁（1999）认为硅谷成功的关键在于分散性网络这种新的产业组织形式的引入。创新网络最著名的研究成果就是国家创新系统，它涉及不同国家之间技术创新动力的多样性，强调从社会经济的宏观角度来解释各国技术创新实绩的差异。自国家创新系统理论的提出，创新系统理论开始兴起。英国创新理论专家Freeman（1991）在考察日本时首次系统阐释了国家创新体系的内涵。他继承和发展了熊彼特的创新理论，并融合了李斯特的国家体系思想，将国家创新系统定义为在私人或公共部门通过相互配合或采取行动来完成技术创造、技术引进、技术改造以及技术扩散的一种制度网络。Nelson和Rosenberg（1993）强调由于科学和技术发展中的不确定性，无法提前确定哪种战略是好的，因此政府的主要任务是保证技术的多元性和制度的多样性，推动技术知识分享机制和不同机构合作机制的构建。此后，众多国内外学者给出了自己对国家创新系统的理解。由国家创新体系开始，人们对于创新的理解开始向更多的维度扩展，从单纯的企业经济行为扩展至企业、学校、科研机构、金融机构、中介服务机构、政府等多个主体。

二　产业创新系统内涵

进一步将网络视角向企业和产业层面扩展，形成了企业创新网络系统和产业创新系统理论。企业创新网络系统是指将网络的思路聚焦于企业，企业内部各种要素及其关系、企业外部环境因素及其关系，相互作用于新知识与技术的创造、扩散和使用之中，形成一个有机整体就是企业创新系统。产业创新系统就是将这种网络的分析思路应用于中观产业层面。

国际上首次对产业创新系统做出专门研究的是意大利学者 Malerba 等。Malerba（2009）认为产业创新系统是由一系列参与者在产品的设计、生产、销售过程中，通过市场或非市场的相互作用来实现的。他指出产业创新系统通过两种方式形成产业内、企业间的联系，一是以产业内企业群为主导，在企业间和企业内部实现特定产业技术研究和新产品开发；二是将市场发展结构要素纳入体系内观测产业创新活动中（干勇、钟志华，2016）。关于产业创新系统的内涵，近年来，国内学者也给出了自己的理解。柳卸林（2000）认为产业创新系统本质上是一种网络关系，网络的结点主要是处于生产链不同环节的企业、大学、科研机构、中介机构和客户等，结点之间的联结方式主要有开展贸易活动和进行知识流动等。

三　从网络视角分析产业创新活动

从产业技术创新活动的发生发展过程及其相关的支撑元素来考察，必然涉及多种类型的创新主体和资源相互交叉的网络关系问题，而这种网络关系对分析和说明产业技术创新体系具有重要意义。

从网络视角看，产业技术创新活动通常由一系列组织和个体组成。产业技术创新体系中的参与者可以是组织，也可以是个人（如企业家、科学家等）；可以是生产者，也可以是消费者；可以是营利性企业，也可以是大学、公共研究机构、政府性组织等非营利性组织。

这些参与者涉及新知识和新技术供给、传播、扩散和商品化转化的整个过程。

产业创新系统构成的主体包括以下几种。一是企业。企业是创新行为的核心主体，处于产业创新系统的中心位置。企业既是创新活动的直接实施者，是产业关键技术的主要供给者；同时又是新知识和新技术创新的需求者，是创新成果商品化、产业化，完成产业技术创新全过程的主要承担者。企业对推动产业技术创新既有内在动力，也有外部竞争的倒逼压力。二是大学和科研机构。大学和科研机构通常被视为知识创新主体，同时伴随着产学研结合日益密切，大学和科研机构也是新技术的直接供给主体。此外，大学等其他教育机构为产业技术创新及应用培养了大量人才。三是各类产业创新服务主体。这类主体重点为创新技术供给、创新技术产业化提供咨询服务、技术交易服务、投融资服务、知识产权服务等各类服务支持，是联结产业创新技术供给和产业化的重要桥梁。四是行业协会组织。这类组织通过推动企业间知识和技术外溢、提供前沿知识和技术等准公共服务，制定标准等形式促进产业创新的实现。五是政府。政府在创新网络中主要是提供产权保护等各类制度，解决基础性研究等外部性问题，营造有利于创新的制度和社会环境。需要说明的是，参与产业创新系统的主体包括以上五种，但不局限于这五种；并且由于不同产业的特性，各主体在不同产业创新系统中的作用大小也不同。

在网络分析视角下，政府干预对产业技术创新产生重要影响。Hemmert（2004）针对德国和日本的制药企业以及半导体企业进行了研究，分析了劳动资源政策、科技政策、法律以及行政环境等制度因素对企业技术获取的影响，发现不同国家存在显著不同。Carlsson 和 Stankiewicz（1991）将技术创新活动分为技术发展自身的规律性因素和政府政策因素，认为政府政策的多样化和针对性政策是实现产业技术创新的重要方面。在不同的产业、不同的国家，政府政策对产业技术创新的作用可能产生正面或负面的效应。特别是对发展中国家而言，需要更加重视政府政策的调节作用。

四 对本书的启示

综上，本书对装备制造业技术创新水平的研究，将采用网络视角在产业层面对技术创新水平进行研究。在探讨装备制造业技术创新系统时，需要考虑不同主体在创新网络中的角色和作用。特别是企业作为创新网络中的核心主体，应在从网络视角评估产业创新水平的过程中加以重点考量。

政策分析是网络视角下探讨产业技术创新问题必须考虑的因素。本书认为在研究我国装备制造业技术创新过程中，一方面要将产业技术创新自身的规律性因素和政策性因素区分开来；另一方面要重视政府政策在有效支持产业创新方面的作用。因此，本书在分析产业自身创新要素之外，专门通过一章研究政策干预手段和措施，这对于处于赶超阶段的我国装备制造业具有重要的现实意义。

第三节 对装备制造业技术创新水平的解构

一 装备制造业技术创新的动态性

产业技术创新是一个逐渐演变、向前发展、开放变化的动态过程。在研究产业技术创新系统时，要以动态发展的视角观察这一体系。例如，熊彼特 I 模式与熊彼特 II 模式之间的交替转变就是产业动态发展的结果。认识产业技术创新的动态性发展特点是研究产业技术创新的重要基础。

装备制造业技术创新系统的动态性，是指装备制造业创新网络中企业，大学和科研机构、科研院所，创新服务组织等创新行为主体，在社会文化环境、政策环境中相互作用，决定自己在创新网络中的创新行为，推动整个装备制造业技术创新系统的发展变化。这种动态变化的最终结果表现为装备制造业技术创新系统的创新水平。

推动产业技术创新系统发生动态变化的动力可以区分为内部动力和

外部动力。具体到装备制造业技术创新系统，其动态变化的内部动力主要有：一是装备制造企业之间的相互竞争压力，促使企业通过创新获得竞争优势；二是在创新网络中不同主体之间的相互催化、学习机制与知识溢出效应共同推动的结果。推动装备制造业技术创新的外部动力主要包括以下两种。一是市场需求拉动。Mowery 和 Rosenberg（1991）、Mumro 和 Noori（1988）等提出了技术和市场双重推动模式，认为技术机会构成了技术创新的内在动因，市场需求构成了技术创新的外在经济动因。二是社会资源推动。日本学者斋藤优（1985）提出了 N‐R① 关系模型，他认为社会需求和社会资源之间的矛盾推动了技术创新。但要指出的是，资源是一把双刃剑，一方面可以促进创新，另一方面也可能限制创新的展开。以上内外部动力因素为几项主要因素，但并不局限于此。并且不同因素并不是严格独立发挥作用的，大多数情况下，是不同因素综合发生作用的，但由于产业特征、所处发展阶段、资源禀赋等条件的不同，发挥主导作用的因素有所不同。

二　装备制造业技术创新的积累性和过程性二元特征

进一步从事物的二元性特征来理解产业技术创新系统，这种二元性体现为产业创新系统动态变化过程中的积累性和过程性兼具的二元特征。

所谓产业技术创新的积累性，是指在产业技术创新系统动态变化过程中，通过内外因素的不断相互作用，实现产业创新系统一个阶段创新效果的变化。Malerba（2009）在对产业创新系统的研究中，就特别注重用"历史友好"模型来对行业动态发展进行分析，也就是十分注重产业技术创新的积累性特点。从装备制造业来看，装备制造业在一定时间内动态变化的积累性结果可以看作一个阶段的状态，这种阶段性状态水平

---

① 当社会提出某种技术要求或某种产品需求，而现有的社会资源又不能完全满足这种需求时就产生了需求（Need）与资源（Resources）之间不适应的"瓶颈"现象。N‐R 关系作用模式所概括的技术创新动力机制是以技术创新主体为主导，以发现和认识 N‐R 关系"瓶颈"为起因，在政策战略的推拉作用影响下，以解决 N‐R 矛盾、缩小 N‐R 差距、协调 N‐R 关系为内容，最终满足社会需要目标的动态过程。

体现为产业技术创新的能力。也就是说装备制造业的技术创新能力是装备制造业技术创新系统的阶段性状态的表征，是对装备制造业技术创新系统动态变化相对静态的描述。

所谓产业技术创新的过程性，是指产业技术创新系统从一个阶段水平到另一个阶段水平是一个过程，这一过程的有效性和优劣性用技术创新效率来判断。从装备制造业来看，装备制造业创新的变化是一种过程性作用的结果，装备制造业技术创新效率就是装备制造业技术创新过程优劣的表征。

三　能力评估与效率评估的关系

能力评估和效率评估这两个视角反映了装备制造业技术创新的两种特征，既相对独立又相互贯通，既相互制约又相互影响，是对装备制造业技术创新系统动态变化情况的两种解读视角，但同时又统一于一个整体系统之中。

能力评估作为状态水平的评估，其高低是最终创新结果优劣的评定，因此能力评估是判断现阶段不同主体行业创新水平的核心标准，追求高能力也是创新主体的最终目标。能力高是我们最终追求的结果，能力提升是最重要的目标。

效率评估作为过程标准，其高低是过程优劣的评定，不同的方式方法实现同样的结果的成本是不同的，高效率地达到高能力结果是创新过程的最理性状态。效率是为了高效地实现能力目标，高质量地实现创新。

四　对本书的启示

本书认为装备制造业技术创新具有动态性特征，产业技术创新水平的研究本质上是对产业技术创新系统动态变化结果的评价。

这一动态系统兼具积累性和过程性，这两种特性是装备制造业技术创新系统相对独立又相互贯通、相互制约又相互影响的二元特征。装备制造业在一定时间内的积累性结果可以看作一个阶段的状态，这种阶段性状态水平体现为产业技术创新的能力。同时，装备制造业产业创新的变化是一种过程性作用的结果，装备制造业技术创新效率就是对这一过程优劣的判断。

基于以上分析，本书将装备制造业技术创新水平解构为技术创新能力和技术创新效率两个角度进行分析，具体思路见图 2-1。

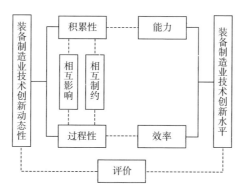

图 2-1　装备制造业技术创新水平解构

第三章

我国装备制造业发展情况及国际竞争力分析

本章对我国装备制造业发展情况进行了定性和定量的综合分析，为展开我国装备制造业技术创新水平的深入分析打下背景基础。采用国家统计局数据及《2015 年世界机械 500 强》等数据，对我国装备制造业发展现状进行评析。采用 UN Comtrade 数据，选取铁路运输设备制造业、航空航天器设备制造业、医疗仪器设备制造业、仪器仪表制造业近 10 年的数据进行国际竞争力比较。

第一节　我国装备制造业整体发展情况

近年来，我国装备制造业总体持续增长，但增速有所下降。2011～2015 年，通用设备制造业，专用设备制造业，汽车制造业，电气机械和器材制造业，计算机、通信和其他电子设备制造业增长幅度均在 2015 年出现显著下降，2016 年除计算机、通信和其他电子设备制造业增幅持续下降外，其他行业均有所回升，后续态势仍有待观察（见表 3－1、图 3－1）。2016 年，我国工业增加值为 247860 亿元，同比增长 6.0%。装备制造业增加值增长 9.5%，明显快于工业增加值增幅，比上年增幅高 2.7 个百分点。装备制造业增加值占规上工业增加值的 32.9%，比 2015年高 1.1 个百分点。2016 年出现较为明显的回升可能与供给侧结构性改革、国家对制造业的一系列扶持政策有关，但企稳的态势能够延续多久仍有待后续观察。

表 3－1　2011～2016 年我国规上装备制造业分行业增长情况

单位:%

行　　业	2011 年	2012 年	2013 年	2014 年	2015 年	2016 年
通用设备制造业	17.4	8.4	9.2	9.1	2.9	5.9
专用设备制造业	19.8	8.9	8.5	6.9	3.4	6.7
汽车制造业	12.0	8.4	14.9	11.8	6.7	15.5
电气机械和器材制造业	14.5	9.7	10.9	9.4	7.3	8.5
计算机、通信和其他电子设备制造业	15.9	12.1	11.3	12.2	10.5	10.0

注：汽车制造业 2011 年统计公报的统计项目为交通运输设备制造业。

资料来源：国家统计局 2011～2016 年各年度国民经济和社会发展统计公报。

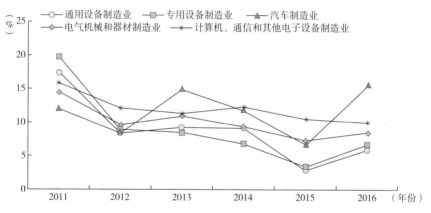

图 3－1　2011～2016 年我国规上装备制造业分行业增长情况

资料来源：国家统计局 2011～2016 年各年度国民经济和社会发展统计公报。

第二节　从产业层面分析我国装备制造业国际竞争力

本节采用 UN Comtrade 数据和世界贸易组织数据，选取铁路运输设备制造业、航空航天器设备制造业、医疗仪器设备制造业、仪器仪表制造业近 10 年的数据进行国际竞争力比较。由于国际贸易数据统计过程与我国国民经济行业分类并不完全一致，行业对照表见附表2。总体来看，就产业层面而言，我国装备制造业国际竞争力开始提升，但依然不强。

一 国际市场占有率分析

国际市场占有率（MS）是指一个国家某种产品出口总额相对于世界该产品出口总额的占比，表达式为：

$$MS_{ij} = \frac{X_{ij}}{X_{iw}} \tag{3-1}$$

其中，MS_{ij} 是指 j 国家 i 产业或产品的世界市场占有率，X_{ij} 是 j 国家 i 产业的出口总额，X_{iw} 是世界 i 产业的出口总额。该指标的比重提高意味着该产业出口竞争力增强，反之，该指标降低则意味着该产业的出口竞争力减弱。

2006～2016年我国装备制造业国际市场占有率情况计算结果见表3-2。整体来看，仪器仪表制造业国际市场占有率的绝对水平较高，其他行业绝对水平不高。从趋势上来看，整体呈现增长趋势，但2016年均出现不同程度的降幅。其中，铁路运输设备制造业降幅高达33.69%。四个行业的增长态势不同：航空航天器设备制造业、医疗仪器设备制造业总体增幅不大，且国际市场占有率的绝对值较小；铁路运输设备制造业呈现波动状，但总体呈明显增长态势，特别是2009～2011年，出现猛增；仪器仪表制造业绝对值较大，并呈现较为明显的增长态势。总体而言，从国际市场占有率来看，重点行业国际市场占有率普遍提升，但绝对值较低且2016年普遍下降。

表3-2 2006～2016年四个典型行业的国际市场占有率

单位：%

年份	铁路运输设备	增幅	航空航天器设备	增幅	医疗仪器设备	增幅	仪器仪表	增幅
2006	3.637	—	0.798	—	3.498	—	9.725	—
2007	3.542	-2.61	0.770	-3.51	4.102	17.27	11.911	22.48
2008	4.556	28.63	0.836	8.57	4.529	10.41	12.574	5.57

年份	铁路运输设备	增幅	航空航天器设备	增幅	医疗仪器设备	增幅	仪器仪表	增幅
2009	4.269	6.300	0.740	-11.48	4.750	4.88	12.977	3.21
2010	6.878	61.12	0.922	24.59	5.239	10.29	13.788	6.25
2011	10.036	45.91	1.054	14.32	5.619	7.25	14.077	2.10
2012	13.366	33.18	0.903	-14.33	5.663	0.78	16.260	15.51
2013	10.478	-21.61	1.039	15.06	6.406	13.12	16.515	1.57
2014	11.891	13.39	1.270	22.23	6.601	3.04	16.001	-3.11
2015	16.754	40.90	1.642	29.29	7.285	10.36	17.038	6.48
2016	11.109	-33.69	1.628	-0.85	7.038	-3.39	16.212	-4.85

资料来源：笔者计算所得。

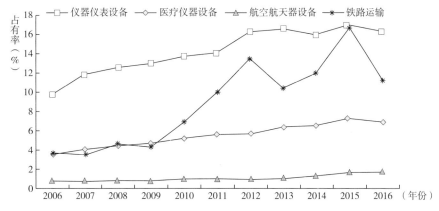

图 3 - 2　2006～2016 年四个重点行业国际市场占有率

资料来源：笔者计算所得。

二　显示性比较优势分析

美国经济学家贝拉·巴拉萨（Balassa Bela）于 1965 年提出了显示性比较优势指数（RCA 指数，Revealed Comparative Advantage Index）。该指数显示了一国产品在国际贸易中的比较优势，表达式为：

$$RCA = (X_{ij}/X_{jt})/(X_{iw}/X_{wt}) \qquad (3-2)$$

其中，X_{ij} 是 j 国家 i 产品或产业的出口额，X_{jt} 是 j 国家在 t 时期所有产品或产业的出口总额；X_{iw} 是 i 产品或产业的世界出口额，X_{wt} 是 t 时期的世界出口总额。

RCA 指数是指一国某产品或产业的出口额占其出口总额的比重，与世界该类产品或产业出口额占世界出口额比重的比例。该指数自 20 世纪 80 年代以来被广泛采用。$RCA < 0.8$ 表示缺乏国际竞争力，$0.8 < RCA < 1.25$ 表示国际竞争力一般，$1.25 < RCA < 2.5$ 表示国际竞争力较强，$RCA > 2.5$ 表示国际竞争力极强。总体来看，我国装备制造重点行业国际竞争力有所提升，出现了铁路运输设备等较有竞争力的行业，但产业国际竞争力提升空间仍然很大。下文数据计算中涉及的世界及中国国际贸易总额数据见附表 3。

（一）铁路运输设备制造业：2011 年之后维持在较有竞争力状态

铁路运输设备制造业国际贸易数据使用 UN Comtrade SITC REV. 3 分类的 791 数据。我国铁路运输设备制造业 RCA 指数情况见表 3 - 3、图 3 - 3。2010 年之前 RCA 指数在小于 0.8 的区间内，意味着处于缺乏国际竞争力的状态。2010 ～ 2011 年，我国铁路运输设备制造业国际竞争力显著提高，迅速提升到 0.8 以上，从明显缺乏国际竞争力状态迅速冲上了具有较强竞争力状态。自 2011 年冲上 0.8 以上区间后，2011 ～ 2016 年，维持在一个较为稳定的水平，始终在（0.8，1.25）区间，在国际上具有较强的竞争力。

表 3 - 3　2006 ～ 2016 年中国铁路运输设备 RCA 指数

单位：亿美元，%

年份	中国出口总额	占中国总出口额的比重	世界出口总额	占世界出口总额的比重	RCA 指数
2006	6.6757	0.0689	183.565	0.1491	0.462
2007	7.65	0.0627	215.99	0.1540	0.407
2008	11.92	0.0833	261.64	0.1619	0.515
2009	9.32	0.0776	218.30	0.1739	0.446
2010	16.83	0.1067	244.69	0.1599	0.667
2011	29.12	0.1534	290.16	0.1582	0.970
2012	44.64	0.2179	333.98	0.1806	1.206
2013	31.14	0.1410	297.20	0.1568	0.899
2014	37.36	0.1595	314.20	0.1654	0.964
2015	46.56	0.2048	278.045	0.1686	1.215
2016	26.26	0.1252	236.38	0.1479	0.846

资料来源：UN Comtrade 以及笔者计算所得。

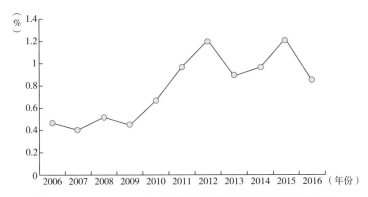

图 3 - 3　2006～2016 年我国铁路运输设备制造业 RCA 指数

资料来源：笔者依据 UN Comtrade 数据计算所得。

（二）航空航天器设备制造业：极度缺乏竞争力，但呈现上升趋势

航空航天器设备制造业国际贸易数据使用 UN Comtrade SITC REV.3 分类的 792 数据。近 10 年来，我国航空航天器设备制造业的 RCA 指数一直在远小于 0.8 的区间，说明我国航空航天器设备制造业一直极度缺乏国际竞争力。从指数走势来看，我国航空航天器设备制造业整体国际竞争力呈现上升趋势（见表 3 - 4、图 3 - 4）。

表 3 - 4　2006～2016 年我国航空航天器设备制造业 RCA 指数

单位：亿美元,%

年份	中国出口总额	占中国商品出口总额的比重	世界出口总额	占世界商品出口总额的比重	RCA指数
2006	12.89	0.1330	1615.23	1.3121	0.1014
2007	14.09	0.1154	1829.07	1.3043	0.0885
2008	16.36	0.1144	1957.50	1.2113	0.0944
2009	9.38	0.0781	1267.80	1.0098	0.0773
2010	12.60	0.0799	1366.63	0.8932	0.0895
2011	16.25	0.0856	1541.58	0.8406	0.1018
2012	15.51	0.0757	1717.67	0.9287	0.0815
2013	19.32	0.0875	1860.34	0.9816	0.0891
2014	26.41	0.1128	2078.93	1.0941	0.1031
2015	34.66	0.1525	2110.55	1.2801	0.1191
2016	33.60	0.1602	2063.84	1.2911	0.1241

资料来源：UN Comtrade 以及笔者计算所得。

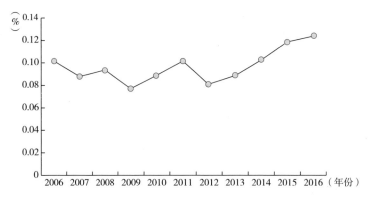

图 3 - 4　2006 ~ 2016 年我国航空航天器设备制造业 RCA 指数
资料来源：笔者依据 UN Comtrade 数据计算所得。

（三）医疗仪器设备制造业：国际竞争力不强，且没有提升的趋势

医疗仪器设备制造业国际贸易数据使用 UN Comtrade SITC REV. 3 分类的 774、872 数据（具体数据参见附表 4、附表 5）。近 10 年来，我国医疗仪器设备制造业 RCA 指数一直小于 0.8，表明该行业国际竞争力不强。从趋势上来看，近年来，我国医疗仪器设备制造业的国际竞争力并没有提升的趋势，总体处于比较稳定的状态（见表 3 - 5、图 3 - 5）。

表 3 - 5　2006 ~ 2016 年我国医疗仪器设备制造业 RCA 指数

单位：亿美元,%

年份	中国出口总额	占中国商品出口总额的比重	世界出口总额	占世界商品出口总额的比重	RCA 指数
2006	30. 086	0. 3105	860. 077	0. 6987	0. 4444
2007	39. 937	0. 3272	973. 625	0. 6943	0. 4713
2008	50. 554	0. 3534	1116. 161	0. 6907	0. 5117
2009	50. 684	0. 4218	1067. 085	0. 8499	0. 4963
2010	61. 117	0. 3874	1166. 678	0. 7625	0. 5081
2011	73. 072	0. 3849	1300. 548	0. 7092	0. 5427
2012	76. 318	0. 3725	1347. 542	0. 7286	0. 5113
2013	90. 343	0. 4090	1410. 182	0. 7440	0. 5497
2014	97. 631	0. 4168	1479. 014	0. 7784	0. 5355
2015	104. 652	0. 4603	1436. 557	0. 8713	0. 5283
2016	102. 532	0. 4888	1456. 778	0. 9113	0. 5364

资料来源：UN Comtrade 以及笔者计算所得。

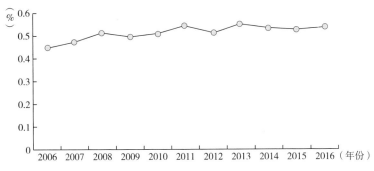

图 3 - 5　2006 ~ 2016 年我国医疗仪器设备制造业 RCA 指数
资料来源：笔者依据 UN Comtrade 数据计算所得。

（四）仪器仪表制造业：有一定竞争力但并不稳固，近两年有所下降

仪器仪表制造业国际贸易数据使用 UN Comtrade SITC REV. 3 分类的 871、873、874、884、885 数据（具体数据参见附表 6、附表 7）。

从绝对值上看，2006 ~ 2016 年，我国仪器仪表制造业 RCA 指数基本处于 1.25 ~ 2.5，并且靠近于 1.25；但在 2006 年、2015 年、2016 年降到 1.25 以下，说明我国仪器仪表制造业的国际竞争力处于有一定竞争力的边缘状态，即有一定竞争力但并不稳固；且近两年来，国际竞争力有所下降（见表 3 - 6、图 3 - 6）。

表 3 - 6　2006 ~ 2016 年我国仪器仪表制造业 RCA 指数

单位：亿美元,%

年份	中国出口总额	占中国商品出口总额的比重	世界出口总额	占世界商品出口总额的比重	RCA指数
2006	245.828	2.537	2527.859	2.054	1.235
2007	348.376	2.854	2924.752	2.086	1.368
2008	402.355	2.812	3199.792	1.980	1.420
2009	354.989	2.954	2735.449	2.179	1.356
2010	479.385	3.038	3476.896	2.272	1.337
2011	559.106	2.945	3971.658	2.166	1.360
2012	679.835	3.318	4181.033	2.261	1.467
2013	695.523	3.149	4211.531	2.222	1.417

续表

年份	中国出口总额	占中国商品出口总额的比重	世界出口总额	占世界商品出口总额的比重	RCA指数
2014	682.092	2.912	4262.789	2.243	1.298
2015	675.615	2.972	3965.265	2.405	1.236
2016	609.169	2.904	3757.604	2.351	1.235

资料来源：UN Comtrade 以及笔者计算所得。

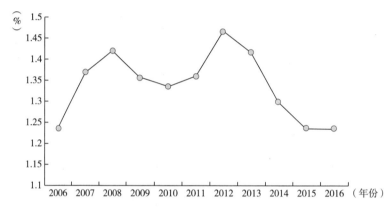

图 3-6　2006～2016 年我国仪器仪表制造业 RCA 指数

资料来源：笔者依据 UN Comtrade 数据计算所得。

第三节　从企业层面分析我国装备制造业国际竞争力

从《2015 年世界机械 500 强》排名结果发现，全球处于领先地位的 500 家装备制造业企业，分布于 34 个国家和地区。按照所拥有的装备制造业领先企业的数量排序，美国、日本、中国内地、德国、法国、瑞士、韩国、英国居于前 8 位。中国内地上榜企业数量已经居于第 3 位（见表 3-7）。近年来，我国装备制造高端化发展已初见成效，在一些行业，中国企业已经处于较为领先的地位，例如高铁、核电、船舶。

表 3 - 7　2015 年世界机械 500 强前八位国家的上榜企业情况

单位：家,%

国家/地区	上榜企业总数	占　　比
美　　国	140	28.0
日　　本	101	20.2
中国内地	92	18.4
德　　国	36	7.2
法　　国	17	3.4
瑞　　士	14	2.8
韩　　国	13	2.6
英　　国	13	2.6

资料来源：杨斌等（2017）。

　　但值得我们注意的是，从平均盈利能力、单个企业排名的先后等指标来看，我国装备制造企业的竞争力还不强。与美、日、韩等盈利性强、创新能力突出的大企业相比，仍有明显差距。例如电工电器行业，中国内地上榜企业共有 10 家，排名第 3 位。韩国虽只有 5 家企业上榜，但上榜企业的总营业收入最高，企业的平均营业收入最高，为 495.64 亿美元；而中国内地企业的平均营业收入仅有 37.71 亿美元，明显落后于韩国、德国、中国台湾等地区。这就说明，我国装备制造业企业同全球领先企业之间在经营水平上还存在巨大差距。

　　我国装备制造业企业总体处于价值链的中低端。在由跨国公司主导的第三次国际产业转移中，我国作为全球劳动密集型产业转移的最大承接地，很多工业品在我国组装后销往世界各地。然而跨国公司仅是把简单加工组装环节转移，研发设计、核心零部件和关键设备制造、营销服务等高技术含量、高附加值环节仍在这些公司手中，我国产业长期锁定在产业链低端、价值链底端和创新链外围。

　　综上分析，从企业层面看，我国装备制造业企业开始进入第一梯队，但企业竞争力仍有待提高。

第四节　我国装备制造业迫切需要通过技术创新提升国际竞争力

综上分析，近10年来，我国装备制造业发展规模不断扩大，国际影响力也有了明显提升。从产业层面看，出现了铁路运输设备制造业这样较有国际竞争力的行业；从企业层面看，已经形成了一批具有一定领先地位的企业。但同时必须看到的是，我国装备制造业大而不强的特征还十分明显。行业发展的下行压力依然很大，除少数行业外，大部分行业国际竞争力较差，企业在盈利能力、运营能力等方面还与国际领先企业存在较大差距。从国际形势及我国自身条件来看，一方面我国装备制造业低劳动力成本、低资源消耗成本等比较优势正在消失，且不可持续；另一方面发达国家及新兴经济体纷纷积极抢占制造业发展的先机。生产条件的变化要求我国装备制造业必须审时度势，转变装备制造业发展方式。我国装备制造业要想在在新一轮技术革命中获得自己的一席之地，必须依靠技术创新提升自己的附加值。这既是产业发展的需要，更是维护国家安全、关系国计民生的必然之举。

一　我国装备制造业发展质量仍然较低

产品质量基础薄弱、竞争力不强。我国装备制造产品缺少世界知名品牌，品牌建设和品牌维护缺失；产品质量堪忧，每年由于质量问题和技术性贸易措施的发生，我国装备制造业面临大量损失，部分关键行业和关键零部件的核心技术受制于人，依靠设备进口、技术引进的发展模式极容易受到国家间政治关系、国际贸易环境等影响，特别是对于关系国计民生、国家安全的基础性装备制造，必须掌握核心技术才能避免在国际关系中处于被动。

先进业态尚处初级阶段。从全球来看，装备制造业发展已经呈现出智能化、个性化、服务化、绿色化等特征，我国企业大多还处于被动跟随的状态，一些企业甚至并没有意识到向新业态转化的紧迫性。很多企业还停留在传统业态中，重生产、轻服务，重视经营、轻视个性化定制。

二　我国装备制造业的传统比较优势不可持续

长期以来，我国装备制造业发展所依赖的低劳动成本、低资源使用成本已经不可持续。人口老龄化迅速且严峻，2017 年末中国大陆总人口为 139008 万人，其中 60 岁及以上人口为 24090 万人，占总人口的 17.3%；65 岁及以上人口为 15831 万人，占总人口的 11.4%（国家统计局，2018）。与越南、印度等国家相比，我国劳动力成本已经不具有优势。据调查，近 10 年来，我国制造业劳动力成本上升了 2.7 倍（张雷，2016）。同时，高速发展之后的资源环境问题也日益突出，靠牺牲资源环境获得生产优势的路径已难以持续。

从发展环境看，房地产和资本市场的繁荣颠覆了企业家精神，实体企业发展面临着资金脱实向虚的巨大压力。金融和实体经济失衡，房地产和实体经济失衡问题严重，制造业利润低，平均回报率不断下降，对资金没有吸引力，是当前我国装备制造业发展面临的重大挑战。TCL 集团董事长李东生认为我国制造业的平均利润率已经不足 2%（张宏，2016）。吉利董事长李书福直言制造业的利润已经比刀片还薄了（王力为、康淑，2016）。资本逐利本身并没有错，但我们的问题在于房地产和资本市场已经畸形，财富的积累迅速且轻松，对各种生产要素产生虹吸效应。相较之下，踏踏实实做实业显得"出力不讨好"，企业家普遍心态浮躁。与低回报率相对应的是制造业企业高企的成本，民营企业融资成本[①]、物流成本、人工社保成本都比较高；再加上高额的税负，实体企业生存压力大。

企业债务水平居高不下。在经过 2008 年的一轮加杠杆之后，企业的债务杠杆高企。据测算，我国企业整体杠杆率已高达 250%，非金融企业杠杆率为 160%（王晓霞，2017）。装备制造企业的财务成本高企，很多企业面临较大的还本付息压力，利息支付甚至超过了企业所获得的现金

---

① 民营企业融资成本超过银行基准利率 2 倍以上，物流成本是发达国家的 2 倍，许多企业"五险一金"占工资总额的 40% 左右。

流，持续经营的压力很大。企业之间也出现了严重的三角债问题，一些企业存在较大的资金链断裂风险。

三 国际装备制造业准入门槛不断提高

我国装备制造企业国际市场的运营能力不足，参与国际价值链分工网络程度较低。企业国际话语权薄弱，由我国主导制定的国际标准不足0.5%，而标龄要比美、德、英、日等发达国家的装备制造业高出1倍以上（徐东华，2016）。在对外投资建设过程中，产业链条覆盖程度不够，无法获取高端价值，无法形成产品研发、技术创新、管理技能和人力资源的协同效应。当前，全球制造业对于绿色化、柔性生产的要求越来越高，要想获得市场竞争力就必须提高产品的技术含量。特别是金融危机以后，新的贸易保护主义抬头，国际贸易中的隐性壁垒增多，我国装备制造业参与全球制造业分工面临的门槛也越来越高。由此可见，通过创新提高我国装备制造业的技术含量，是形成我国装备制造业企业参与全球竞争新优势的必然要求。

第五节 本章小结

本章对我国装备制造业整体发展情况进行了分析，认为从当前我国装备制造业发展态势来看，迫切需要通过技术创新提升产业发展水平和国际竞争力。

第一节是从我国装备制造业自身来看，近年来我国装备制造业总体持续增长，但增速下降。

第二节重点对我国装备制造业在全球产业链中的竞争力进行了数据分析。采用 UN Comtrade 数据，选取铁路运输设备制造业、航空航天器设备制造业、医疗仪器设备制造业、仪器仪表制造业四个行业作为典型行业进行分析。从国际市场占有率（MS）来看，重点行业国际市场占有率普遍提升，但绝对值较低且2016年普遍下降。从显示性比较优势指标（RCA）来看，近10年来，铁路运输设备制造业在2011年之后维持在较有竞争力状态；航空航天器设备制造业极度缺乏竞争力，但呈现上升趋势；医疗仪器设备制造业国际竞争力不强，且没有提升的趋势；仪器仪表制造业有一定竞争力但并不稳固，近两年有所下降。总体来看，就产业层面而言，我国装备制造业国际竞争力开始提升，但依然不强。

第三节从企业层面看，依托《2015 年世界机械 500 强》排名数据发现，我国装备制造业高端化发展初见成效。在高铁、核电、船舶等行业，中国企业已经处于较为领先的地位。但从平均盈利能力、单个企业排名的先后等指标来看，我国企业的竞争力还不强，与美、日、韩等盈利性强、创新能力突出的大企业相比，仍有明显差距。

第四节基于前三节的分析，对我国装备制造业当前需要依靠技术创新提升产业发展水平和产业国际竞争力的形势进行了总结，认为我国装备制造业迫切需要通过技术创新提升国际竞争力。

第四章

基于因子分析法的创新能力实证分析

本章通过构建我国装备制造业技术创新能力评价指标体系，采用因子分析法对我国装备制造业重点行业 2011～2016 年技术创新能力行业间差异进行实证分析，并结合行业发展实践，进一步分析数据背后反映的行业技术创新能力特征以及发展内涵。

第一节 我国装备制造业技术创新能力评价指标体系构建

一 构建我国装备制造业技术创新能力评价指标体系的理论依据

（一）已有主要研究

关于产业创新能力评价指标体系，不同学者根据自己的不同价值导向和分析目的，建立了不同的指标体系，在指标构建的方向、侧重点、数量、层级、边界等方面各有不同。王章豹、孙陈（2007）对产业技术创新的内涵进行了界定，并基于这一概念界定，建立以创新支撑保障能力、创新资源投入能力、技术创新转化能力、自主创新收益能力、技术创新环保能力为五大模块，18 个细化指标为支撑的评价体系。李廉水、周勇（2005）认为评价产业技术创新能力要以创新投入、创新产出、创新主体、创新机制等方面为一级指标，同时基于产业技术创新是一个协同创新的过程，需要将地区政策环境、人文环境等纳入评价体系。彭中文（2014）从不同的主体维度，将装备制造业技术创新能力分为企业创新能力、网络创新能力、创新环境评价三个不同的导向。从不同的导向入手，可以建立不同的评价体系。徐丰伟（2011）强调从协同创新的视角出发，产业技术创新能力要从产业自身创新能力、产业创新内部与外部协同两大方面进行评价。前者有机综合了产业内部所有企业的技术创新能力，后者是指企业之间、企业与政府、中介机构、科研机构之间的协同。杨华峰、申斌（2007）主要从企业的角度出发，从创新基础、科技投入、产出效益、环境支撑、持续创新五个大方面设计42个小指标，建立评价体系。

　　总体来看，已有评价指标体系的切入角度各异。这些指标涵盖了投入要素和产出要素，微观、中观和宏观视角，经济、社会和生态因素，产业发展和创新制度，定性指标和定量指标等。总体来看，指标的多样性、综合性较强，但与之相伴的问题是，评价的边界不清晰，一些指标体系外延过于广泛，使评价丧失了焦点和重心，造成创新能力这一终极评价目标不够聚焦。例如，一些评价指标体系没有准确区分产业技术创新能力本身和外在影响因素，将制度要素等非技术创新能力本身的指标纳入产业技术创新能力评价本身。一些评价指标体系过于强调指标的完整性，将大量定性描述指标纳入指标评价体系，降低了指标评价体系的客观性，也不利于在不同地区、不同行业评价中统一使用。具体到细化的评价指标来看，对创新投入与产出的内涵还没有形成共识。关于创新投入，有共识的部分包括经费和人力投入等；分歧在于创新环境，例如政策环境、金融环境是否应包括在内。关于创新产出，有共识的部分是新产品相关指标；分歧在于专利指标，有些研究将相关专利指标归于产出，有些归为创新支撑，有些则将其归为创新效率。

（二）对本书建立指标评价体系的启示

　　本书在构建我国装备制造业技术创新能力指标体系过程中，应坚持以下几点。

一是选用具有最广泛共识的指标，这样可以降低指标的分散性，使评价指标体系尽可能聚焦。

二是将影响产业技术创新的外部因素与产业自身技术规律特征严格分开，所有影响产业技术创新能力的外部因素不纳入评价指标体系本身。

三是所有指标都能够获得客观数据，也就是说本书所采用的具体指标均为定量指标。

二 指标体系构建原则

构建我国装备制造业技术创新能力评估指标体系的基本原则包括科学性原则、可行性原则以及完备性与精简性兼具原则。

(一) 科学性原则

科学性原则是居于第一位的原则。评价结果的有效性在很大程度上依赖于指标选择的科学性，这是利用指标体系进行评估最重要的基础条件。这就要求指标体系的设计要紧紧围绕装备制造业技术创新的内涵，指标选择要尽可能客观、准确，要有效代表产业技术创新能力，最终要体现装备制造业技术创新的本质特征。

(二) 可行性原则

可行性是指标体系在构建过程中要实现指标具有可获得性、可比性。可获得性是指采用的指标要可测量，指标测量数据要具有连续性、统一性，尽量提高数据收集的准确性和可信性。可比性是指在指标体系设计过程中，能够适用于不同维度的评价需求。装备制造业包括多个子行业，不同子行业之间、不同年度之间以及不同地区之间都有比较的需求，这就需要一套具有较强适用性的指标体系。在具体指标的选择上，必须是各种不同度量维度的共有指标，且在统计口径和统计范围上也要尽量保持一致。

(三) 完备性与精简性兼具原则

兼具完备性与精简性就是要求指标体系所采用的指标数量要适中，

不宜过少也不宜过多。过少很可能会遗漏关键要素；过多则会过于繁杂，缺少代表性，还容易错误地将非产业技术规律影响因素纳入评价体系中，使数据收集的准确性和可信性大打折扣。

三 核心指标及指标体系

（一）评估指标体系的整体架构

本书构建的我国装备制造业技术创新能力评估指标体系共分为三个层次，分别为目标层、准则层、核心指标层。指标体系见表4－1，表中只详列出二级和三级指标体系。

表4－1 我国装备制造业技术创新能力指标评价体系

二级	三 级	计算方法	单位
创新经费投入	R&D 投入强度 I_1	R&D 经费/主营业务收入的比重 ×100%	%
	开发新产品经费占主营业务收入的比重 I_2	开发新产品经费/主营业务收入 ×100%	%
创新人力投入	R&D 人员折合全时当量 I_3	—	人年
	R&D 人员中研究人员占比 I_4	研究人员/R&D 人员 ×100%	%
	R&D 人员占从业人员的比重 I_5	R&D 人员/从业人员 ×100%	%
企业参与产业技术创新的能力	有 R&D 活动企业比例 I_6	有 R&D 活动的企业数/企业数 ×100%	%
	R&D 经费内部支出中企业资金占比 I_7	企业资金/R&D 经费内部支出 ×100%	%
	企业平均办研发机构数量 I_8	企业办 R&D 机构数/企业数	个
	企业办研发机构平均经费支出 I_9	企业办 R&D 机构经费支出/企业办 R&D 机构数	万元
	企业办研发机构平均人员数 I_{10}	企业办 R&D 机构人员/企业办 R&D 机构数	人
技术获取和应用	R&D 经费中外部支出占比 I_{11}	R&D 经费外部支出/R&D 经费 ×100%	%
	技术改造经费占主营业务收入的比重 I_{12}	技术改造经费/主营业务收入 ×100%	%
	引进技术经费占主营业务收入的比重 I_{13}	引进技术经费/主营业务收入 ×100%	%

1. 一级指标层次——目标层

一级指标层次即目标层，也就是整个指标体系的设计目标——我国装备制造业技术创新能力评估。

2. 二级指标层次——准则层

二级指标层次即准则层，也就是对指标的结构性分解。本书将整个指标体系解构为四个部分，分别为创新经费投入、创新人力投入、企业参与产业技术创新的能力、技术获取和应用。

投入是技术创新的基础，投入类指标是衡量产业技术创新能力最重要的指标，创新经费投入和创新人力投入是当前衡量产业技术创新能力普遍使用的指标，也是最具有代表性和统计数据完整性的指标。

企业参与产业技术创新的能力是指评估企业在产业创新过程中的参与度和积极性的一类指标，这是基于企业是产业创新网络核心主体的考虑，企业能够参与产业创新的能力是推动产业创新技术产生和创新成果应用的关键性因素。

技术获取和应用，是基于产业创新网络的考虑，重点评估产业创新过程中通过产学研合作、境外技术引进等途径获得创新资源的能力，以及将新技术应用于实际生产中的能力。

3. 三级指标层次——核心指标层

三级指标层次即核心指标层，是具体应用到评估中的三级细化指标。考虑到最大限度地具有可比性，三级指标尽可能采用相对性指标。

创新经费投入类指标包括研发活动经费投入和新产品①开发投入。研发活动经费投入通过 R&D②投入强度衡量，新产品开发投入使用开发新产品经费占主营业务收入的比重来衡量。

创新人力投入类指标包括人力资源总量投入和研发人员结构性特征指标。人力资源总量投入包括人员折合全时当量，R&D 人员占从业人员的比重两个

---

① 新产品指采用新技术原理、新设计构思研制、生产的全新产品，或在结构、材质、工艺等某一方面比原有产品有明显改进，从而显著提高了产品性能或扩大了使用功能的产品。

② R&D 即研究与试验发展，是指在科学技术领域，为增加知识总量，以及运用这些知识去创造新的应用而进行的系统的、创造性的活动，包括基础研究、应用研究、试验发展三类活动。

指标，研发人员结构性特征指标用 R&D 人员中研究人员占比来衡量。

企业参与产业技术创新的能力类指标包括企业进行创新活动的广泛性、投入程度和组织化程度。企业进行创新活动的广泛性用有 R&D 活动企业比例来衡量，企业进行创新活动的投入程度用 R&D 经费内部支出[①]中企业资金占比来衡量，企业进行创新活动的组织化程度用企业平均办研发机构数量、企业办研发机构平均经费支出、企业办研发机构平均人员数三个指标来衡量。

技术获取和应用类指标包括产学研合作、技术引进和技术改造三类指标。产学研合作情况用 R&D 经费中外部支出占比来衡量，技术改造情况用技术改造经费占主营业务收入的比重来衡量，技术引进情况用引进技术经费占主营业务收入的比重来衡量。

（二）核心三级指标内涵及计算方式

R&D 投入强度（用 I_1 表示）：该指标是国际上普遍使用的衡量创新能力的核心指标，衡量一个国家（地区）、一个行业或一个企业对科技和创新的投入力度。本书使用 R&D 经费与主营业务收入的百分比进行计算。

开发新产品经费占主营业务收入的比重（用 I_2 表示）：该指标衡量的是开发新产品的投入强度。生产出新产品是产业技术创新的最终目标。开发新产品的投入强度是评估新知识、新技术能够转化为产品，也是最终完成产业技术创新过程程度的重要指标。本书使用开发新产品经费投入与主营业务收入的百分比进行计算。

R&D 人员折合全时当量[②]（用 I_3 表示）：该指标是国际上普遍采用的

---

① R&D 经费内部支出，指调查单位在所报告年度用于内部开展 R&D 活动的实际支出。包括用于 R&D 项目（课题）活动的直接支出，以及间接用于 R&D 活动的管理费、服务费、与 R&D 有关的基本建设支出以及外协加工费等。不包括生产性活动支出、归还贷款支出以及与外单位合作或委托外单位进行 R&D 活动而转拨给对方的经费支出。

② R&D 人员折合全时当量是指 R&D 全时人员（全年从事 R&D 活动累积工作时间占全部工作时间的 90% 及以上人员）工作量与非全时人员按实际工作时间折算的工作量之和。例如：有 2 个 R&D 全时人员（工作时间分别为 0.9 年和 1 年）和 3 个 R&D 非全时人员（工作时间分别为 0.2 年、0.3 年和 0.7 年），则 R&D 人员全时当量 = 1 + 1 + 0.2 + 0.3 + 0.7 = 3.2（人年）。

衡量研发人力资源投入的指标。

R&D 人员[①]中研究人员[②]占比（用 I_4 表示）：该指标体现的是 R&D 人员构成结构。该指标数值越高，代表 R&D 人员构成中拥有的高学历和高职称的人员比例越大。本书使用研究人员人数与 R&D 人员总人数的百分比进行计算。

R&D 人员占从业人员的比重（用 I_5 表示）：该指标衡量的是从事研究开发的整体人员比例，体现的是产业技术创新的整体人员配备与支撑水平，这里面的人员包括所有直接或间接从事研发活动的科研人员和管理、服务人员。本书使用 R&D 人员与从业人员的百分比进行计算。

有 R&D 活动企业比例（用 I_6 表示）：该指标衡量的是某一个行业内企业进行 R&D 活动的范围。本书用某一行业内有 R&D 活动的企业数占该行业总企业数的百分比进行计算。

R&D 经费内部支出中企业资金[③]占比（用 I_7 表示）：该指标是从经费投入的角度来衡量企业进行 R&D 活动的主动性。本书用某一行业 R&D 经费内部支出中来自企业的资金量占该行业 R&D 经费内部支出总额的百分比进行计算。

企业平均办研发机构数量（用 I_8 表示）：该指标从机构数量角度对企业进行创新活动的组织化程度进行衡量。本书用某一行业内企业办研发机构数[④]与该行业内企业总数的比进行计算。

---

① R&D 人员是指调查单位内部从事基础研究、应用研究和试验发展三类活动的人员。包括直接参加上述三类项目活动的人员以及这三类项目的管理人员和直接服务人员。为研发活动提供直接服务的人员包括直接为研发活动提供资料文献、材料供应、设备维护等服务的人员。

② 研究人员是指拥有中级以上职称或是博士学历（学位）的人员。

③ R&D 经费内部支出经费来源包括政府资金和企业资金。企业资金指调查单位 R&D 经费内部支出中来自本企业的自有资金和接受其他企业委托而获得的经费，以及科研院所、高校等事业单位从企业获得的资金的实际支出。

④ 企业办研发机构数指企业自办（或与外单位合办），管理上同生产系统相对独立（或单独核算）的专门研发活动机构，如企业办的技术中心、研究院所、开发中心、开发部、实验室、中试车间、试验基地等。企业办研发活动机构经过资源整合，被国家或省级有关部门认定为国家级或省级技术中心的，应按一个机构填报。与外单位合办的科技活动机构若主要由本企业出资兴办，则由本企业统计，否则应由合办方统计。企业 （转下页注）

企业办研发机构平均经费①支出（用 I_9 表示）：该指标从经费支出的角度对企业进行创新活动的组织化程度进行衡量。本书用企业办 R&D 机构经费支出与企业办 R&D 机构数的比进行计算。

企业办研发机构平均人员数（用 I_{10} 表示）：该指标从人员配备的角度对企业进行创新活动的组织化程度进行衡量。本书用企业办 R&D 机构人员与企业办 R&D 机构数的比进行计算。

R&D 经费中外部支出②占比（用 I_{11} 表示）：该指标反映了产学研合作的程度。本书用 R&D 经费外部支出占 R&D 经费的百分比进行计算。

技术改造经费③占主营业务收入的比重（用 I_{12} 表示）：技术改造是企业将科技成果应用于生产实际的重要途径，该指标衡量了企业进行技术改造的力度和强度。本书用技术改造经费占主营业务收入的百分比进行计算。

引进技术经费④占主营业务收入的比重（用 I_{13} 表示）：该指标衡量的是企业进行境外技术引进的强度。本书用引进技术经费占主营业务收入的百分比进行计算。

（三）本书所构建指标体系的创新之处

与已有类似指标体系相比，本书构建的我国装备制造业技术创新指

(接上页注④)研发管理职能处（科）室（如科研处、技术科等）一般不统计在内；若科研处、技术科等同时挂有科技活动机构的牌子，视其报告年度内主要工作任务而定，主要任务是从事研发活动的可以统计，否则不予统计。本指标不含企业在中国境外设立的研发活动机构数。

① 机构经费支出总额指在报告期企业办研发机构用于内部开展研发活动实际支出的总费用。包括机构人员劳务费（含工资）支出、机构业务费支出、管理费支出、固定资产购建支出以及其他维持机构正常工作的日常费用等的支出总和。不包括相关折旧费用、长期费用摊销和无形资产摊销等费用。

② R&D 经费外部支出合计指在报告年度调查单位委托外单位或与外单位合作进行 R&D 活动而拨给对方的经费。

③ 技术改造经费支出指在报告期企业进行技术改造而发生的费用支出。技术改造指企业在坚持科技进步的前提下，将科技成果应用于生产的各个领域（产品、设备、工艺等），用先进工艺、设备代替落后工艺、设备，实现以内涵为主的扩大再生产，从而提高产品质量、促进产品更新换代、节约能源、降低消耗，全面提高综合经济效益。

④ 引进技术经费支出指在报告期企业用于购买国外或港澳台技术的费用支出，包括产品设计、工艺流程、图纸、配方、专利等技术资料的费用支出，以及购买关键设备、仪器、样机和样件等的费用支出。

标体系创新点主要体现在以下几个方面。

1. 充分考虑企业在产业创新活动中的角色

本书将企业参与产业技术创新的能力作为产业技术创新能力评价的一类核心标准，这是过去大部分研究没有加以考虑的。这一类指标的设定旨在探究我国装备制造业技术创新链条中企业发挥的作用。

2. 考虑各种创新来源及创新应用途径

已有的装备制造业技术创新能力评价指标体系多聚焦于行业自身的原始创新活动。本书在构建指标体系的过程中，充分考虑我国装备制造业的发展阶段和创新实践，考虑产业发展实践中各类创新来源。除了行业自身的研发活动外，技术引进、开展产学研合作是企业获得新技术的重要来源，技术改造是创新能够进入生产环节的重要途径，本书将这些因素纳入技术创新能力评估中。

3. 以相对性指标构建三级指标体系

与已有研究多直接使用总量性指标不同，本书在三级指标的具体构建和选择上，基于可比性、客观性原则，主要选择相对指标，多以强度、比例等形式作为三级指标的最终表现形式。

4. 剔除高度相关指标

本书在指标体系构建之初，在保证数据可获得性的基础上，共包括20项细化指标（参见附表8），通过因子分析预分析，剔除了相关性极高的部分指标。例如在技术创新能力评估指标体系构建中，大部分研究将专利相关指标纳入指标评价体系中。专利是原始创新成果的重要体现。笔者通过因子分析法的分析发现，专利类指标与当前指标体系所含指标具有高度相关性，增加这类指标只会起到降低评估结果精确度的反效果。因此基于精简性原则，本书没有将专利类指标纳入评估指标中。

5. 对三级指标的选取突破了已有衡量框架

在三级指标选取上，本书没有拘泥于以往研究指标，具体来说主要包括以下两点。

在创新经费投入类指标中包括了新产品开发投入。以往研究对创新经费投入多从研发活动本身经费投入来衡量，忽略了新产品开发投入。根据本书第二章关于产业技术创新能力内涵的阐述，从最初的研发活动转化为生产活动中的新产品是产业创新链条的关键一环。因此，本书将应用于新产品开发的经费强度作为关键性经费投入指标。

在创新人力投入类指标中包括了 R&D 人员中研究人员占比。以往研究中的创新人力投入类指标多集中于数量的衡量，忽略了对结构的度量。实际上研发队伍人员的构成是事关创新能力的重要因素，以高技术水平和高受教育程度研发人员为主的结构往往能够带来更高的创新实力。因此，本书将 R&D 人员中研究人员占比作为创新人力投入的关键性指标。

第二节　因子分析法评价模型的构建

一　因子分析法的内涵

因子分析法是基于降维的思想，把原本复杂的具有相关性的若干变量进行简化，综合为几个较少的公共因子，进行进一步的分析评价。其本质是将原先数量多、关系复杂的变量进行重新组合，再通过综合数据分析，得出公共因子与原指标体系中各个指标的关系。这样最终评估结果就涵盖了原有的全部信息，不会由于简化分析而带来信息的损失。

指标评价体系构建过程中，各个指标之间很可能存在相关性，并且这种相关性仅仅依靠定性分析很难进行全面有效的辨别。因子分析法通过找出公共因子，实际上将原本有相关关系的指标进行了分类，将指标之间相关性的影响降到最低。

在因子分析法应用的整个过程中，不涉及主观因素，全部分析基于客观数据，这就尽可能地避免了主观因素带来的影响，提高了整个评价的客观性和可信度。

二　选择因子分析方法的原因

构建合理的指标评价体系之后，对我国装备制造业技术创新能力进行评价的关键在于确定不同指标的权重。权重设定的科学性、合理性决定了评估结果的准确性、可信性。本书综合比较不同方法的优缺点，结合我国装备制造业技术创新能力评价指标体系和可获得数据的特点，选用因子分析方法。

（一）已有主要方法比较

利用指标体系进行评价常采用的方法主要包括层次分析法、专家打分法、因子分析法。

1. 层次分析法

层次分析法是一种利用系统性思维，将总目标层层分解为多个原则或目标，进一步在多个分解目标指导下形成多个评价层次，通过定性指标模糊量化，以相对度量评价事物的方法。

层次分析法适用于无结构性特征，但是具有多目标或多原则体系的情况。这种方法具有系统性强、操作简单、对定量要求低的优点。但其以定性分析为主的特征，相对于定量分析缺少可信服性。此外，当指标较多时，层次划分和构造的难度也相当大。

2. 专家打分法

专家打分法是一种依赖于专家经验和主观判断，对具体评价指标进行打分，进而确定指标权重进行评估的方法。专家打分是一种广泛应用的评估方法。其优点是要求的技术条件低、计算方法简单且直观性很强；对数据的包容性强，很多无法定量或计算的项目能够通过这一方法进行打分评估。但其缺点也是相对突出的，那就是高度依赖于所选择专家的权威性、专业性和主观评价能力，且不可避免地带有较强的专家个人的主观倾向性。

（二）因子分析法的优势

比较几类分析方法（见表4-2），此处采用因子分析法的优势集中体现在以下几个方面。

一是由于评价技术创新能力的指标之间存在或大或小的相关性，采用因子分析法能够最大限度地降低指标之间相关性带来的影响。

表 4 - 2　主要指标分析方法的比较

方法	赋权方法	适用场景	优　点	不　足
层次分析法	定性指标模糊量化的方法，以相对度量评价事物	无结构性特征但是具有多目标或多原则体系	对数据要求低	定性特征强
专家打分法	通过综合专家判断对指标进行打分赋权	缺少定量数据	技术条件低、直观性强、数据包容性强	过于依赖主观判断
因子分析法	基于降维的思想，通过数据分析提取公共因子	有充分的定量数据，且指标较多	在不损失原有信息的基础上进行简化的综合评价	对指标选择的科学性和数据的充足量要求较高

资料来源：笔者整理所得。

二是装备制造业技术创新能力的评价指标较多，且专业性较强。从当前的研究成果来看，关于不同指标重要性的观点不一，尚未形成最大范围内的共识。如果依靠主观赋权方法，由于所选专家范围的有限性、观点的不一致很容易出现赋权的偏差。即使得出了分析结果也难以获得最大范围内的认同，降低了结果的公信力。因子分析法能够最大限度地降低判断的主观性带来的结果偏差，提高了结果的可信度。

三是采用因子分析法能够最大限度地在保持原有信息的基础上，降低分析的难度，简化分析的步骤，抓住问题的主要矛盾，使分析结果具有现实指导意义。

三　因子分析法评价模型的构建

假设存在 n 个装备制造行业技术创新系统，每个行业系统有 p 个创新能力评价指标变量，这样就构成了矩阵 $X_{n \times p}$。

第一步，进行数据标准化处理和因子分析适用性检验。

对矩阵 $X_{n \times p}$ 进行标准化处理，方法如下：

$$E_{ij} = \frac{x_{ij} - \overline{x_j}}{s_j} \tag{4 - 1}$$

$$(i = 1, 2, \cdots, n; j = 1, 2, \cdots, p)$$

其中，$\overline{x_j} = \dfrac{1}{n} \sum\limits_{i=1}^{n} x_{ij}$ 表示第 j 个指标的平均值，$s_j = \sqrt{\dfrac{1}{n-1} \sum\limits_{i=1}^{n} (x_{ij} - \overline{x_j})^2}$ 表示第 j 个指标的标准差。

判断是否适用因子分析法，通过计算各指标的相关系数矩阵，对因子分析法的适用性加以判断。

第二步，找出初始公共因子。

p 个指标可以由 m $(m < p)$ 个公共因子 $F_1, F_2, \cdots, F_m$ 的线性组合来表示：

$$Y = AF + \varepsilon \qquad (4-2)$$

其中：

Y 为标准化后的原始矩阵；

A 为因子荷载矩阵，$A = \begin{bmatrix} a_{11} & a_{12} & \cdots & a_{1m} \\ a_{22} & a_{22} & \cdots & a_{2m} \\ \cdots & \cdots & \ddots & \cdots \\ a_{p1} & a_{p2} & \cdots & a_{pm} \end{bmatrix}$；

F 为公共因子矩阵，$F = (F_1, F_2, \cdots, F_m)^{\mathrm{T}}$；

ε 为公共因子矩阵，$\varepsilon = (\varepsilon_1, \varepsilon_2, \cdots, \varepsilon_m)^{\mathrm{T}}$。

在实际评价过程中，公式（4-2）是由主成分分析来实施的，一般累积贡献率达到 75% 就可以认为选取的因子可以解释大部分差异。

第三步，确定评价指标的权重。

由第二步可以确定 m 个公因子 $F_1, F_2, \cdots, F_m$，F_i 在 $X_j (j = 1, 2, \cdots, p)$ 上的负荷为 a_{ij}，则指标 X_j 的权重 W_j 的计算可表述如下：

$$b_{ij} = |a_{ij}| \bigg/ \sum_{j=1}^{p} |a_{ij}|$$
$$(j = 1, 2, \cdots, p; i = 1, 2, \cdots, m)$$

$$c_j = \sum_{i=1}^{m} b_{ij}$$
$$(j = 1, 2, \cdots, p)$$

$$\omega_j = c_j \bigg/ \sum_{i=1}^{p} c_i$$
$$(j = 1, 2, \cdots, p) \qquad (4-3)$$

第三节　我国装备制造业重点行业基本情况概述

一　重点行业选择依据

本章以 2012～2017 年的《中国高技术产业统计年鉴》[①] 数据为基础，对我国装备制造业重点行业技术创新基本情况进行分析。《中国高技术产业统计年鉴》规定的高技术产业（制造业）是指国民经济行业中 R&D 投入强度相对较高的六个制造业行业[②]。其中航空航天器设备制造、电子及通信设备制造、计算机及办公设备制造、医疗仪器设备制造、仪器仪表制造属于装备制造业。[③] 本书将这五个行业作为我国装备制造业的重点行业，对其技术创新水平进行了深入评估和分析。

以《中国高技术产业统计年鉴》数据为主的理由基于以下两点。

一是《中国高技术产业统计年鉴》涵盖的行业为装备制造业中研发投入强度较高的产业，是技术创新活力较强的行业，且对国计民生具有关键影响。集中分析这些重点行业对于未来我国装备制造业的发展具有更强的现实意义，有利于研究的聚焦、突出重点。

二是从资料来源的统一性来讲，由于定量研究涉及不同行业、不同地区的比较，《中国高技术产业统计年鉴》有完备的分地区、分行业数据，不需要跨不同的统计年鉴进行数据归集，能够保证分析过程中所使用数据统计口径的一致性，提高数据分析的精准度。

二　企业数量情况

从各个行业的企业数量（见表 4-3）来看，从多到少依次是电子及

---

① 对应数据为 2011～2016 年的数据，统计对象为年主营业务收入 2000 万元及以上的法人工业企业。

② 包括医药制造、航空航天器设备制造、电子及通信设备制造、计算机及办公设备制造、医疗仪器设备及仪器仪表制造、信息化学品制造六大类（与国民经济行业分类不一致，具体对应关系见附表 9）。

③ 全部统计数据口径范围为年主营业务收入 2000 万元及以上的法人工业企业。

通信设备制造业、仪器仪表制造业、计算机及办公设备制造业、医疗仪器设备制造业、航空航天器设备制造业，其中，电子及通信设备制造业明显多于其他行业。并且从近6年的发展趋势（参见图4-1）来看，各行业的企业数量均保持较为稳定的增长。

表4-3　2011～2016年分行业企业数量

单位：个

年份	航空航天器设备制造业	电子及通信设备制造业	计算机及办公设备制造业	医疗仪器设备制造业	仪器仪表制造业
2011	224	10220	1313	878	3121
2012	304	12215	1387	974	3369
2013	318	13465	1565	1084	3623
2014	338	13973	1629	1196	3695
2015	382	14634	1695	1310	3752
2016	425	15383	1725	1449	3820

资料来源：2012～2017年的《中国高技术产业统计年鉴》，对应2011～2016年数据。

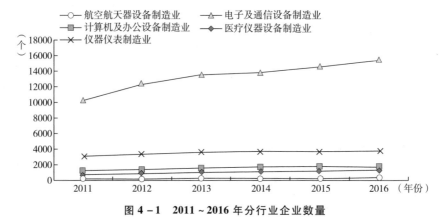

图4-1　2011～2016年分行业企业数量

资料来源：2012～2017年的《中国高技术产业统计年鉴》，对应2011～2016年数据。

三　资产情况

从各行业的资产总计情况（见表4-4）来看，从多到少依次是电子及通信设备制造业、计算机及办公设备制造业、仪器仪表制造业、航空航天器设备制造业、医疗仪器设备制造业，其中，电子及通信设备制造业明显高于其他行业。从发展趋势（见图4-2）来看，电子及通

表 4 – 4 2011 ~ 2016 年分行业资产规模

单位：亿元

年份	航空航天器设备制造业	电子及通信设备制造业	计算机及办公设备制造业	医疗仪器设备制造业	仪器仪表制造业
2011	3670.0	33270.1	8712.6	1187.4	4850.6
2012	4093.2	40358.3	9585.9	1340.3	5450.7
2013	4675.1	45411.8	11023.8	1575.8	6041.5
2014	4596.7	53151.8	11521.7	2487.6	6819.3
2015	5136.9	62731.5	10221.6	2259.7	7504.9
2016	5986.4	75248.1	11421.1	2729.3	8236.9

资料来源：2012 ~ 2017 年的《中国高技术产业统计年鉴》，对应 2011 ~ 2016 年数据。

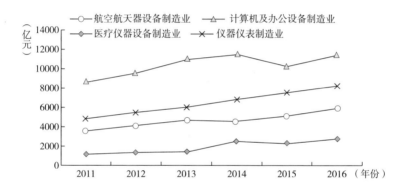

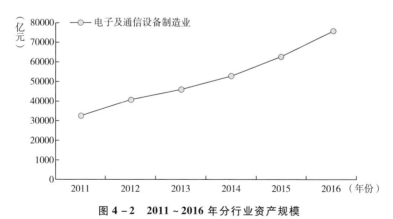

图 4 – 2 2011 ~ 2016 年分行业资产规模

资料来源：2012 ~ 2017 年的《中国高技术产业统计年鉴》，对应 2011 ~ 2016 年数据。

信设备制造业资产规模迅速膨胀，仪器仪表制造业和航空航天器设备制造业整体保持稳定增长，计算机及办公设备制造业和医疗仪器设备制造业均在 2015 年出现下降。

四 经营情况

(一) 主营业务收入

从主营业务收入（见表 4 - 5、图 4 - 3）来看，从多到少依次是电子及通信设备制造业、计算机及办公设备制造业、仪器仪表制造业、航空航天器设备制造业、医疗仪器设备制造业，其中，电子及通信设备制造业明显高于其他行业。2014 年以来，计算机及办公设备制造业主营业务收入出现了明显下滑，这与行业饱和、国际市场波动有直接的关系。其他行业则在近 6 年一直保持较为平稳的增长趋势。

表 4 - 5　2011~2016 年分行业主营业务收入

单位：亿元

年份	航空航天器 设备制造业	电子及通信 设备制造业	计算机及办公 设备制造业	医疗仪器 设备制造业	仪器仪表 制造业
2011	1934.3	43206.3	21163.5	1362.9	5375.7
2012	2329.9	52799.1	22045.2	1602.0	6170.1
2013	2853.2	60633.9	23214.2	1853.6	7009.9
2014	3027.6	67584.2	23499.1	2182.6	7723.9
2015	3412.6	78309.9	19407.9	2431.3	8040.6
2016	3801.7	87304.7	19760.1	2868.5	8783.4

资料来源：2012~2017 年的《中国高技术产业统计年鉴》，对应 2011~2016 年数据。

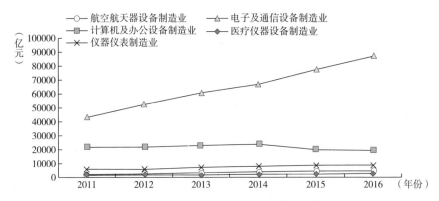

图 4 - 3　2011~2016 年分行业主营业务收入

资料来源：2012~2017 年的《中国高技术产业统计年鉴》，对应 2011~2016 年数据。

（二）利润总额

从利润总额（见表 4 - 6、图 4 - 4）来看，从多到少依次是电子及

表 4 - 6 2011 ~ 2016 年分行业利润总额

单位：亿元

年份	航空航天器设备制造业	电子及通信设备制造业	计算机及办公设备制造业	医疗仪器设备制造业	仪器仪表制造业
2011	104.0	2161.9	710.4	153.6	509.1
2012	121.8	2679.5	790.5	187.1	541.5
2013	139.3	3326.8	810.4	201.1	623.5
2014	170.3	3744.4	889.2	237.2	671.7
2015	196.1	4348.9	622.1	246.1	692.7
2016	224.4	4821.7	819.3	330.9	768.1

资料来源：2012 ~ 2017 年的《中国高技术产业统计年鉴》，对应 2011 ~ 2016 年数据。

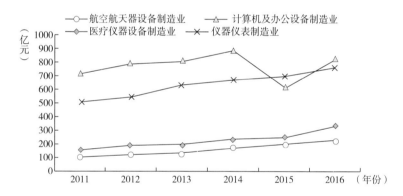

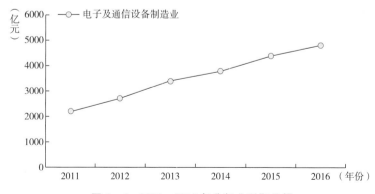

图 4 - 4 2011 ~ 2016 年分行业利润总额

资料来源：2012 ~ 2017 年的《中国高技术产业统计年鉴》，对应 2011 ~ 2016 年数据。

通信设备制造业、计算机及办公设备制造业、仪器仪表制造业、医疗仪器设备制造业、航空航天器设备制造业，其中，电子及通信设备制造业明显高于其他行业。2014 年以来，计算机及办公设备制造业利润总额出现了明显下滑，进一步印证了 2014 年以来计算机及办公设备制造业生产经营情况的恶化。其他行业则在近 6 年一直保持较为平稳的增长趋势。

五 从业人员情况[①]

从从业人员情况（见表 4 - 7、图 4 - 5）来看，从多到少依次是电子及通信设备制造业、计算机及办公设备制造业、仪器仪表制造业、航空航天器设备制造业、医疗仪器设备制造业，其中，电子及通信设备制造业明显多于其他行业。从趋势来看，大部分行业波动不大，只有计算机及办公设备制造业在 2014 年之后出现明显下滑。

表 4 - 7 2011 ~ 2016 年分行业从业人员情况

单位：人

年份	航空航天器设备制造业	电子及通信设备制造业	计算机及办公设备制造业	医疗仪器设备制造业	仪器仪表制造业
2011	4199940	76280244	23341068	2900088	9476232
2012	4311780	87694968	23779224	3129216	9726444
2013	4074612	89792352	22867680	3406140	10075680
2014	4388496	92811132	22109280	3557724	10223412
2015	4644072	97707072	17604288	3706296	10061976
2016	4826424	97470180	15626592	3974544	9884184

资料来源：2012 ~ 2017 年的《中国高技术产业统计年鉴》，对应 2011 ~ 2016 年数据。

六 重点行业发展情况的整体判断

从发展体量上来看，电子及通信设备制造业明显大于其他行业，其次是计算机及办公设备制造业和仪器仪表制造业，这两个行业各项指标

---

① 原统计数据为从业人员平均人数，本书用从业人员平均人数 ×12 计算。

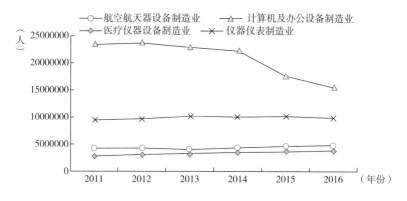

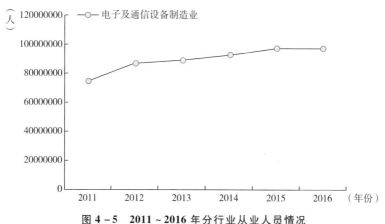

图 4 - 5　2011 ~ 2016 年分行业从业人员情况

资料来源：2012 ~ 2017 年的《中国高技术产业统计年鉴》，对应 2011 ~ 2016 年数据。

规模也明显大于其他行业。航空航天器设备制造业和医疗仪器设备制造业在规模指标上都较为靠后，表明其发展体量较小。

从发展态势上看，2014 年之后，计算机及办公设备制造业在发展态势上出现了明显的下滑特征，电子及通信设备制造业近 6 年整体呈现快速增长的状态，其他行业总体呈小幅增长的发展态势。

第四节　分行业技术创新能力的实证研究

本书使用 IBM SPSS Statistics 22.0 软件，基于因子分析法对 2011 ~ 2016 年我国装备制造业重点行业的技术创新能力进行实证分析。

一 利用因子分析法得出我国装备制造业分行业技术创新能力综合评价公式

(一) 因子分析法适用性检验

本节基于 2014～2016 年的数据, 对航空航天器设备制造业 (用 H_1 表示)、电子及通信设备制造业 (用 H_2 表示)、计算机及办公设备制造业 (用 H_3 表示)、医疗仪器设备制造业 (用 H_4 表示)、仪器仪表制造业 (用 H_5 表示) 五个行业的数据进行处理, 得到各个指标值。整理后的指标数据见表 4-8。

表 4-8 2014～2016 年 H_1～H_5 的指标数据

年份	行业	I_1	I_2	I_3	I_4	I_5	I_6	I_7	I_8	I_9	I_{10}	I_{11}	I_{12}	I_{13}
2014	H_1	5.83	5.02	37397	42.29	1.04	58.82	50.09	0.47	3759.74	160.2	18.62	1.22	0.078
	H_2	2.20	2.60	416806	36.26	0.57	46.28	94.12	0.46	2523.26	75.6	7.85	0.29	0.101
	H_3	0.93	1.24	49005	39.70	0.43	43.65	91.82	0.45	2145.44	87.3	2.70	0.13	0.001
	H_4	2.64	3.25	20715	37.02	0.72	52.59	91.81	0.42	915.22	37.6	4.07	0.25	0.138
	H_5	2.11	2.39	65576	38.17	0.90	55.03	92.59	0.47	793.74	42.7	4.55	0.22	0.031
2015	H_1	6.80	5.19	45832	38.94	1.21	52.62	41.36	0.51	3505.10	171.18	22.19	2.06	0.041
	H_2	2.09	2.44	402513	36.35	0.51	38.99	94.144	0.37	2771.39	85.03	5.73	0.20	0.078
	H_3	0.91	1.00	57035	37.19	0.39	34.04	91.50	0.33	2300.28	99.86	1.78	0.08	0.002
	H_4	2.82	3.36	19172	36.29	0.68	45.57	92.29	0.39	912.43	37.32	3.09	0.35	0.149
	H_5	2.28	2.43	64349	37.27	0.86	50.88	91.53	0.44	813.28	43.06	5.22	0.25	0.029
2016	H_1	7.15	6.69	41043	43.70	1.26	50.3	49.39	0.49	3523.45	196.19	0.74	2.35	0.096
	H_2	2.04	2.49	380683	35.54	0.51	35.16	94.56	0.33	2366.84	77.91	0.08	0.20	0.067
	H_3	0.7	0.87	60181	21.66	0.34	31.00	94.47	0.28	2366.67	115.31	0.04	0.04	0.003
	H_4	2.25	3.11	16044	25.35	0.60	43.65	89.86	0.36	766.17	35.08	0.05	0.40	0.210
	H_5	2.19	2.56	69588	29.37	0.88	48.01	93.00	0.42	739.29	43.08	0.00	0.33	0.067

资料来源: 笔者根据 2012～2017 年的《中国高技术产业统计年鉴》计算所得, 对应 2014～2016 年数据。

采用 KMO 样本测度和 Bartlett 球形检验对各变量之间的相关性进行检验, 结果如表 4-9 所示, 经检验 KMO 值为 0.539, 大于 0.5; Bartlett

球形检验结果为 0.000, 小于 0.01; 说明该样本数据适合进行因子分析。

表 4 - 9　KMO 样本测度和 Bartlett 球形检验结果

KMO		0.539
Bartlett 球形检验	卡方	319.297
	Df	78
	显著性	0.000

(二) 确定公共因子

1. 筛选公因子

分析结果显示 (见表 4 - 10), 前四个因子的特征根都大于 1, 且累计方差贡献率达到 90.435%。说明这四个因子已经保留了 90% 以上的信息, 可以作为公共因子对我国装备制造业技术创新能力进行进一步简化评估。

表 4 - 10　方差累计情况

指　标	起始特征值			提取的平方和载入		
	总　计	方差的百分比	累计 (%)	总　计	方差的百分比	累计 (%)
I_1	7.284	56.030	56.030	7.284	56.030	56.030
I_2	2.061	15.851	71.881	2.061	15.851	71.881
I_3	1.336	10.276	82.157	1.336	10.276	82.157
I_4	1.076	8.278	90.435	1.076	8.278	90.435
I_5	0.656	5.048	95.484	—	—	—
I_6	0.335	2.579	98.063	—	—	—
I_7	0.143	1.103	99.166	—	—	—
I_8	0.086	0.664	99.830	—	—	—
I_9	0.015	0.118	99.948	—	—	—
I_{10}	0.004	0.028	99.976	—	—	—
I_{11}	0.003	0.020	99.996	—	—	—
I_{12}	0.000	0.004	100.000	—	—	—
I_{13}	5.074E - 5	0.000	100.000	—	—	—

2. 公共因子内涵分析

对于公共因子的内涵分析，在因子分析法中可以采用旋转的方式，使各变量在公共因子上的载荷尽可能清晰、明确。此处采用最大方差法得到正交旋转矩阵。旋转后的因子载荷矩阵结果如表 4-11 所示。按照载荷大于 60% 的原则，可进一步分析四个公因子的内涵，并进行命名。

表 4-11　最大方差法旋转后的因子载荷矩阵

指　　标	公共因子			
	F_1	F_2	F_3	F_4
I_{10}	0.951	—	-0.143	—
I_{12}	0.848	0.442	0.166	-0.178
I_9	0.824	0.155	-0.296	0.400
I_7	-0.819	-0.507	—	0.182
I_1	0.759	0.571	0.268	-0.127
I_2	0.688	0.530	0.468	-0.119
I_8	0.195	0.913	—	-0.126
I_6	—	0.892	0.251	-0.309
I_4	0.261	0.752	-0.159	0.179
I_{11}	0.325	0.715	-0.141	0.118
I_5	0.489	0.701	0.238	-0.346
I_{13}	—	—	0.972	—
I_3	—	—	—	0.955

注：在六迭代中收敛循环。表中未出现的数据为特别小的数据，不具有分析价值，为了更清晰地展示各个公共因子特征，此处不显示特别小的系数。

第一个公共因子 F_1 在企业办研发机构平均人员数（I_{10}）、技术改造经费占主营业务收入的比重（I_{12}）、企业办研发机构平均经费支出（I_9）、R&D 经费内部支出中企业资金占比（I_7）、R&D 投入强度（I_1）、开发新产品经费占主营业务收入的比重（I_2）上有较大载荷，这 6 个指标中，I_7、I_9、I_{10} 体现了企业参与产业技术创新的人力和资金投入，I_1、I_2、I_{12} 体现了产业对于创新研发、新产品开发、新技术应用等不同角度的资金投入，可以命名为投入类因子，且这类投入因子以资金性投入为主。

　　第二个公共因子 F_2 在企业平均办研发机构数量（I_8）、有 R&D 活动企业比例（I_6）、R&D 人员中研究人员占比（I_4）、R&D 经费中外部支出占比（I_{11}）、R&D 人员占从业人员的比重（I_5）上有较大载荷，这 5 个指标体现的是企业创新组织机构建设、人员配备、产学研合作等支撑性要素条件，可以命名为支撑性因子。

　　第三个公共因子 F_3 在引进技术经费占主营业务收入的比重（I_{13}）上有较大载荷，该指标体现的是从国外获取技术的投入比例，可以命名为技术引进因子。

　　第四个公共因子 F_4 在 R&D 人员折合全时当量（I_3）上有较大载荷，集中体现了装备制造业创新人力资源投入力度，可以命名为人力资源因子。

3. 计算公共因子得分

　　根据因子得分系数矩阵（见表 4 - 12），得到四个公共因子关于各指标的表达式如下：

$$F_1 = 0.148\,I_1 + 0.137\,I_2 - 0.027\,I_3 - 0.089\,I_4 + 0.025\,I_5 - 0.187\,I_6 - 0.181\,I_7$$
$$- 0.139\,I_8 + 0.246\,I_9 + 0.340\,I_{10} - 0.055\,I_{11} + 0.210\,I_{12} + 0.006\,I_{13} \quad (4-4)$$

$$F_2 = 0.019\,I_1 + 0.000\,I_2 + 0.100\,I_3 + 0.290\,I_4 + 0.111\,I_5 + 0.302\,I_6 + 0.005\,I_7$$
$$+ 0.314\,I_8 - 0.049\,I_9 - 0.213\,I_{10} + 0.250\,I_{11} - 0.052\,I_{12} - 0.084\,I_{13} \quad (4-5)$$

$$F_3 = 0.136\,I_1 + 0.285\,I_2 + 0.179\,I_3 - 0.153\,I_4 + 0.062\,I_5 + 0.049\,I_6 + 0.044\,I_7$$
$$- 0.064\,I_8 - 0.149\,I_9 - 0.089\,I_{10} - 0.145\,I_{11} + 0.069\,I_{12} + 0.709\,I_{13} \quad (4-6)$$

$$F_4 = -0.002\,I_1 + 0.033\,I_2 + 0.755\,I_3 + 0.208\,I_4 - 0.159\,I_5 - 0.093\,I_6 + 0.094\,I_7$$
$$+ 0.020\,I_8 + 0.273\,I_9 - 0.071\,I_{10} + 0.156\,I_{11} - 0.77\,I_{12} + 0.170\,I_{13} \quad (4-7)$$

表 4 - 12　因子得分系数矩阵

指　标	公共因子			
	F_1	F_2	F_3	F_4
I_1	0.148	0.019	0.136	- 0.002
I_2	0.137	0.000	0.285	0.033
I_3	- 0.027	0.100	0.179	0.755
I_4	- 0.089	0.290	- 0.153	0.208
I_5	0.025	0.111	0.062	- 0.159

指　标	公共因子			
	F_1	F_2	F_3	F_4
I_6	− 0.187	0.302	0.049	− 0.093
I_7	− 0.181	0.005	0.044	0.094
I_8	− 0.139	0.314	− 0.064	0.020
I_9	0.246	− 0.049	− 0.149	0.273
I_{10}	0.340	− 0.213	− 0.089	− 0.071
I_{11}	− 0.055	0.250	− 0.145	0.156
I_{12}	0.210	− 0.052	0.069	− 0.077
I_{13}	0.006	− 0.084	0.709	0.170

（三）综合得分公式

将各公共因子对应的方差贡献率在累计贡献率中的比重（见表 4 – 13）作为权重，得到综合得分公式如下：

$$F = 0.619561F_1 + 0.175275F_2 + 0.113629F_3 + 0.091535F_4 \qquad (4-8)$$

表 4 – 13　公共因子在综合得分评价中的权重

单位:%

公共因子	方差贡献率	方差贡献率在累计贡献率中的占比
F_1	56.030	61.9561
F_2	15.851	17.5275
F_3	10.276	11.3629
F_4	8.278	9.1535

（四）因子分析结果解读

1. 从公共因子类别来看

从因子分析得到的公共因子结果来看，企业参与创新的各类要素分散于第一类和第二类公共因子中，这两类因子是解释各行业技术创新能力差异最重要的因子，说明企业参与产业技术创新的能力是关系我国装备制造业技术创新能力的重要因素。

引进技术经费占主营业务收入的比重，成为独立的公共因子之一，说明技术引进对我国装备制造业创新能力影响较大，也从一个侧面反映了我国装备制造业创新对外依赖度较大。

反映人力资源投入能力的 R&D 人员折合全时当量成为独立的公共因子之一，说明当前我国装备制造业技术创新能力受人力资源投入情况影响很大。

2. 不同公共因子的重要性

从各类公共因子的重要性来看，决定我国装备制造业技术创新能力最重要的因素是投入类因子，解释了 56.030% 的差异，方差贡献率在累计贡献率中的占比约为 61.96%，远远大于其他三个公共因子。也就是说投入类因子能够说明 50% 以上各个行业之间技术创新能力的差异。过去一段时期，我国装备制造业技术创新能力的提升是一个以资金为主的投入累积的时期。

二 利用因子分析结果进行分行业实证分析

利用以上分析结果对 2011～2016 年我国装备制造业重点行业技术创新能力进行综合评估。2011～2016 年行业 H_1～H_5 各指标原始数值见附表 10。由于不同指标之间的数量单位不同，无法直接进行综合评分。首先对各指标数据进行无量纲化，此处采用最大值法，无量纲化结果见表 4–14。

表 4–14　2011～2016 年 H_1～H_5 的无量纲化数据

年份	行业	I_1	I_2	I_3	I_4	I_5	I_6	I_7	I_8	I_9	I_{10}	I_{11}	I_{12}	I_{13}
2011	H_1	0.999	1.000	0.078	0.929	0.669	0.84	0.635	0.964	0.908	0.950	0.521	0.872	0.062
	H_2	0.217	0.309	0.653	0.986	0.290	0.47	0.960	0.446	0.668	0.491	0.175	0.115	0.073
	H_3	0.087	0.136	0.118	1.000	0.166	0.48	0.922	0.411	1.000	0.588	0.094	0.026	0.000
	H_4	0.262	0.364	0.027	0.955	0.331	0.62	0.989	0.464	0.241	0.207	0.191	0.226	0.141
	H_5	0.229	0.305	0.127	0.973	0.469	0.66	0.947	0.536	0.171	0.221	0.235	0.255	0.034
2012	H_1	1.000	0.939	0.103	0.848	0.821	0.78	0.580	1.000	0.845	0.911	0.744	0.966	0.023
	H_2	0.216	0.298	0.817	0.881	0.324	0.54	0.968	0.661	0.536	0.404	0.201	0.111	0.062
	H_3	0.089	0.142	0.151	0.957	0.228	0.51	1.000	0.661	0.886	0.656	0.063	0.034	0.006
	H_4	0.275	0.401	0.032	0.812	0.400	0.67	0.976	0.714	0.209	0.174	0.150	0.251	0.220
	H_5	0.232	0.332	0.136	0.837	0.545	0.72	0.948	0.821	0.183	0.209	0.201	0.345	0.023

年份	行业	I_1	I_2	I_3	I_4	I_5	I_6	I_7	I_8	I_9	I_{10}	I_{11}	I_{12}	I_{13}
	H_1	0.792	0.850	0.115	0.543	1.000	0.82	0.578	0.839	0.988	1.000	0.523	0.753	1.000
	H_2	0.231	0.311	0.856	0.410	0.338	0.55	0.967	0.536	0.606	0.377	0.206	0.136	0.181
2013	H_3	0.074	0.115	0.144	0.198	0.221	0.50	0.991	0.482	0.752	0.549	0.061	0.017	0.023
	H_4	0.310	0.430	0.039	0.248	0.428	0.71	0.966	0.625	0.208	0.171	0.139	0.255	0.339
	H_5	0.246	0.319	0.159	0.346	0.593	0.73	0.941	0.696	0.197	0.200	0.187	0.213	0.282
	H_1	0.817	0.873	0.098	0.480	0.869	0.86	0.512	0.875	0.905	0.890	0.033	1.000	0.054
	H_2	0.233	0.325	0.913	0.390	0.352	0.60	0.981	0.589	0.608	0.354	0.004	0.085	0.038
2014	H_3	0.080	0.114	0.144	0.238	0.234	0.53	0.980	0.500	0.608	0.523	0.002	0.017	0.002
	H_4	0.257	0.406	0.038	0.278	0.414	0.74	0.932	0.643	0.197	0.159	0.002	0.170	0.119
	H_5	0.250	0.334	0.167	0.322	0.607	0.82	0.965	0.75	0.190	0.195	0.004	0.140	0.038
	H_1	0.777	0.678	0.110	0.427	0.834	0.89	0.429	0.911	0.900	0.777	1.000	0.877	0.023
	H_2	0.239	0.319	0.966	0.399	0.352	0.66	0.977	0.661	0.712	0.386	0.258	0.085	0.044
2015	H_3	0.104	0.131	0.137	0.408	0.269	0.58	0.949	0.589	0.591	0.453	0.080	0.034	0.001
	H_4	0.322	0.439	0.046	0.398	0.469	0.77	0.957	0.696	0.234	0.169	0.139	0.149	0.084
	H_5	0.261	0.317	0.154	0.409	0.593	0.87	0.950	0.786	0.209	0.195	0.235	0.106	0.016
	H_1	0.666	0.655	0.090	0.464	0.717	1.00	0.520	0.839	0.966	0.727	0.839	0.519	0.044
	H_2	0.251	0.339	1.000	0.398	0.393	0.79	0.976	0.821	0.648	0.343	0.354	0.123	0.057
2016	H_3	0.106	0.162	0.118	0.436	0.297	0.74	0.953	0.804	0.551	0.396	0.122	0.055	0.001
	H_4	0.302	0.424	0.050	0.406	0.497	0.89	0.952	0.750	0.235	0.171	0.183	0.106	0.078
	H_5	0.241	0.312	0.157	0.419	0.621	0.94	0.961	0.839	0.204	0.194	0.205	0.094	0.018

根据各公共因子得分公式（4-4）、（4-5）、（4-6）、（4-7），利用各指标数据的无量纲化之后的数据结果，得到2011~2016年行业 H_1 ~ H_5 的四个公共因子得分及排名，见表4-15。

表4-15　2011~2016年 H_1 ~ H_5 公共因子得分及排名

年份	行业	F_1 得分	排名	F_2 得分	排名	F_3 得分	排名	F_4 得分	排名
	H_1	0.5120	1	0.7635	1	0.1503	1	-0.2216	5
	H_2	-0.0011	3	0.5716	4	0.0294	3	0.8159	1
2011	H_3	0.0759	2	0.4482	5	-0.2464	5	0.5512	2
	H_4	-0.1808	4	0.6294	3	0.0963	2	0.1533	3
	H_5	-0.2139	5	0.7105	2	0.0232	4	0.1487	4

续表

年份	行业	F_1 得分	排名	F_2 得分	排名	F_3 得分	排名	F_4 得分	排名
	H_1	0.5088	1	0.8172	1	0.1110	2	- 0.3033	5
	H_2	- 0.1058	3	0.6812	4	0.0792	3	0.8860	1
2012	H_3	0.0255	2	0.5170	5	- 0.2189	5	0.5211	2
	H_4	- 0.2123	4	0.6898	3	0.1930	1	0.0981	3
	H_5	- 0.2275	5	0.7787	2	0.0458	4	0.0439	4
	H_1	0.5511	1	0.6355	1	0.8103	1	- 0.0674	5
	H_2	- 0.0312	3	0.5153	3	0.2507	4	0.8349	1
2013	H_3	0.0429	2	0.2656	5	- 0.0630	5	0.3414	2
	H_4	- 0.1449	4	0.5130	4	0.3892	2	- 0.0086	4
	H_5	- 0.1911	5	0.6124	2	0.3097	3	0.0949	3
	H_1	0.5755	1	0.5203	2	0.2550	1	- 0.5233	5
	H_2	- 0.0554	3	0.5103	4	0.1949	3	0.8554	1
2014	H_3	- 0.0069	2	0.2913	5	- 0.0505	5	0.2939	2
	H_4	- 0.1794	4	0.5134	3	0.2290	2	- 0.0027	4
	H_5	- 0.2250	5	0.6130	1	0.1724	4	0.0738	3
	H_1	0.4319	1	0.7939	1	0.0377	4	- 0.2890	5
	H_2	- 0.0555	2	0.6107	4	0.1493	2	0.9593	1
2015	H_3	- 0.0599	3	0.4215	5	- 0.0742	5	0.3123	2
	H_4	- 0.1919	4	0.6136	3	0.1804	1	0.0622	4
	H_5	- 0.2604	5	0.7205	2	0.0978	3	0.1421	3
	H_1	0.3127	1	0.7844	1	0.0217	4	- 0.0058	5
	H_2	- 0.1248	2	0.7424	3	0.1728	1	0.9434	1
2016	H_3	- 0.1443	3	0.5702	5	- 0.0704	5	0.2737	2
	H_4	- 0.2367	4	0.6850	4	0.1629	2	0.0905	4
	H_5	- 0.2892	5	0.7579	2	0.1007	3	0.1410	3

根据公式（4-8），计算得到2011～2016年我国装备制造业重点行业综合得分及各年度排名，结果见表4-16。

表 4 - 16　2011 ~ 2016 年 H_1 ~ H_5 技术创新能力综合得分

行业	2011 年		2012 年		2013 年		2014 年		2015 年		2016 年	
	得分	排名	得分	排名	得分	排名	得分	排名	得分	排名	得分	排名
H_1	0.4478	1	0.4433	1	0.5387	1	0.4288	1	0.3846	1	0.3332	1
H_2	0.1775	2	0.1440	2	0.1759	2	0.1556	2	0.1774	2	0.1588	2
H_3	0.1481	3	0.1292	3	0.0972	3	0.0679	3	0.0569	3	0.0276	3
H_4	0.0233	4	0.0203	4	0.0436	4	0.0046	4	0.0148	4	0.0002	4
H_5	0.0082	5	0.0048	5	0.0328	5	- 0.0056	5	- 0.0109	5	- 0.0220	5

三　整体情况解读

根据表 4 - 16 的得分结果可知，从综合排名来看，各个行业的技术创新能力排名在 2011 ~ 2016 年没有变化，排序均为 $H_1 > H_2 > H_3 > H_4 > H_5$，且各行业得分差距较大，见图 4 - 6。

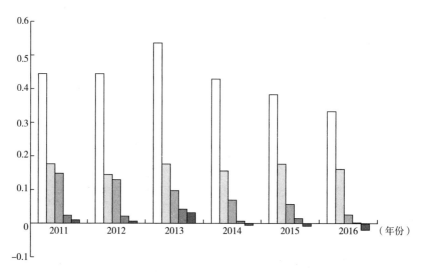

图 4 - 6　2011 ~ 2016 年分行业技术创新能力综合得分情况

注：从左至右的柱状依次表示 H_1、H_2、H_3、H_4、H_5。

航空航天器设备制造业技术创新能力明显高于其他行业，且一直处于稳定的领先地位。但这种技术创新能力的领先和在国际市场上的表现呈现出典型的不一致。通过第三章和第四章的分析可知，航空航天器设备制造业国际市场占有率和 RCA 指数都在极低的水平，新产品出口占新产品销售收入的比重在五个行业中最低，且近年来持续维持在较低水平，这种反差一定程度上表明我国航空航天器设备制造业技术创新成果尚未转化为该行业的国际竞争力。医疗仪器设备制造业、仪器仪表制造业这两个行业得分较低，表明这两个行业的综合技术创新能力水平较低。从产业发展的基本情况来看，这两个行业都处于发展规模小的初级阶段，产业创新积累较少，反映在产业创新能力上得分较低。

四 分行业情况解读

（一）航空航天器设备制造业

从航空航天器设备制造业自身来看，2011～2016 年该行业的得分变化如图 4-7 所示，该行业近 6 年的技术创新能力综合得分在 2013 年达到最高，2013 年以来得分明显下降。

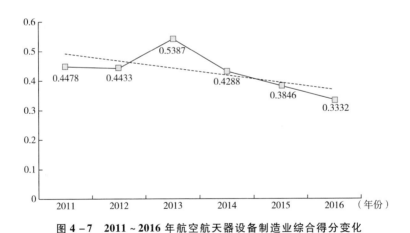

图 4-7 2011～2016 年航空航天器设备制造业综合得分变化

（二）电子及通信设备制造业

电子及通信设备制造业近 6 年来技术创新能力得分没有明显变化，如图 4-8 所示。

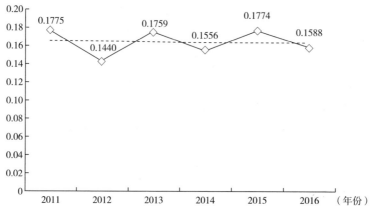

图 4 - 8　2011～2016 年电子及通信设备制造业综合得分变化

（三）计算机及办公设备制造业

与其他四个行业不同，计算机及办公设备制造业得分近 6 年来呈现明显下滑的趋势，反映了计算机及办公设备制造业技术创新能力总体上不断下降，如图 4 - 9 所示。

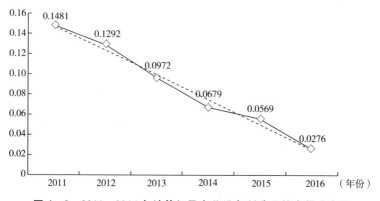

图 4 - 9　2011～2016 年计算机及办公设备制造业综合得分变化

（四）医疗仪器设备制造业

医疗仪器设备制造业技术创新能力在 2013 年出现明显提升，但 2013 年之后表现出明显的下降，近 6 年来整体呈现下降趋势，如图 4 - 10 所示。

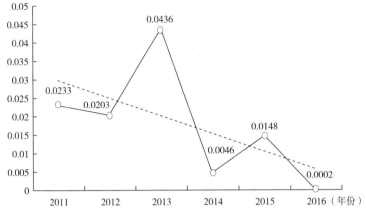

图 4－10　2011～2016 年医疗仪器设备制造业综合得分变化

（五）仪器仪表制造业

同样，仪器仪表制造业也在 2013 年出现创新能力的峰值，但之后持续下降，且下降幅度较大，2016 年达到了近 6 年的最低值，如图 4－11所示。

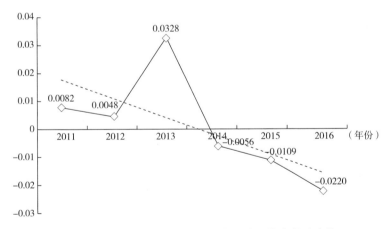

图 4－11　2011～2016 年仪器仪表制造业综合得分变化

（六）小结

综上，近 6 年来，除电子及通信设备制造业保持在基本稳定的创新水平上，其他四个重点行业的技术创新能力综合得分总体上都呈现下降趋势；特别是 2013 年之后，都出现明显的下降。航空航天器设备制造业、医疗仪器设备制造业、仪器仪表制造业行业的得分峰值均出现在 2013 年，说明 2012~2013 年我国装备制造业技术创新出现一波热潮。但这种热潮并没有持续，近 3 年来出现持续大幅下滑。因此总体来看，我国装备制造业重点行业的技术创新能力不容乐观。

五　公共因子得分解读

（一）F_1 投入类因子得分解读

从投入类因子 F_1（见表 4-17、图 4-12）来看，2013 年之后创新能力的下降与 F_1 的下滑直接相关。以资金为主的投入下降对于我国装备制造业技术创新能力的下降产生了重要影响。

表 4-17　2011~2016 年 H_1~H_5 投入类因子 F_1 得分及排名

年　　份	H_1	H_2	H_3	H_4	H_5
2011	0.5120	-0.0011	0.0759	-0.1808	-0.2139
2012	0.5088	-0.1058	0.0255	-0.2123	-0.2275
2013	0.5511	-0.0312	0.0429	-0.1449	-0.1911
2014	0.5755	-0.0554	-0.0069	-0.1794	-0.2250
2015	0.4319	-0.0555	-0.0599	-0.1919	-0.2604
2016	0.3127	-0.1248	-0.1443	-0.2367	-0.2892
平均得分	0.4820	-0.0623	-0.0111	-0.1910	-0.2345
排　　名	1	3	2	4	5

注：平均得分是每个行业 2011~2016 年 F_1 的得分加总除以 6 得到。

近 6 年来的平均得分排名为 $H_1 > H_3 > H_2 > H_4 > H_5$，与技术创新能力情况综合得分基本一致。航空航天器设备制造业近 6 年来都处于高得分状态，远高于其他行业，且差距较大，说明航空航天器设备制造业整体投入能力较强，特别是资金性投入能力得分远高于其他行业。医疗仪器设备制造业、仪器仪表制造业得分较低，说明这两个行业在资金性投入

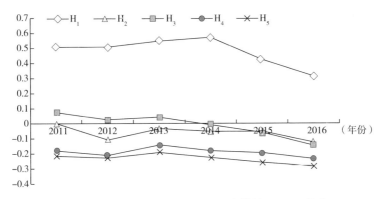

图 4 – 12 2011～2016 年 H_1～H_5 支撑性因子 F_1 得分

上还远远不足，与这两类行业还处于较为初始的发展阶段相匹配。要提升医疗仪器设备制造业、仪器仪表制造业的技术创新能力，可以在增强这两类行业的投入能力，特别是资金性投入能力上着力。

（二）F_2 支撑性因子得分解读

F_2 为支撑性因子，衡量包括企业创新组织机构建设、人员配备、产学研合作等在内的支撑性要素条件情况。总的来看，支撑性因子得分表现出先降后升的特征，且基本以 2013 年为节点，这与创新能力的整体变化截然不同。

从近 6 年来的平均得分（见表 4 – 18、图 4 – 13）来看，各行业的排名为 $H_1 > H_5 > H_4 > H_2 > H_3$，这与技术创新能力的综合排名差异较大。从平均得分水平来看，不同行业间支撑性因子得分差距较小。

表 4 – 18 2011～2016 年 H_1～H_5 支撑性因子 F_2 得分及排名

年 份	H_1	H_2	H_3	H_4	H_5
2011	0.7635	0.5716	0.4482	0.6294	0.7105
2012	0.8172	0.6812	0.5170	0.6898	0.7787
2013	0.6355	0.5153	0.2656	0.5130	0.6124
2014	0.5203	0.5103	0.2913	0.5134	0.6130
2015	0.7939	0.6107	0.4215	0.6136	0.7205

续表

年　份	H_1	H_2	H_3	H_4	H_5
2016	0.7844	0.7424	0.5702	0.6850	0.7579
平均得分	0.7191	0.6053	0.4190	0.6074	0.6988
排　　名	1	4	5	3	2

注：平均得分是每个行业 2011～2016 年 F_2 的得分加总除以 6 得到。

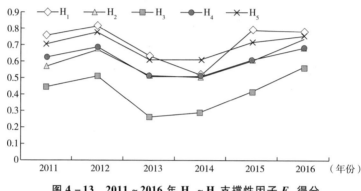

图 4 – 13　2011～2016 年 H_1～H_5 支撑性因子 F_2 得分

在支撑性因子得分上，综合得分排在最后的仪器仪表制造业排在了第 2 位，得分较高。这说明该行业尽管在产业支撑上投入较多，但在最终的技术创新能力上没有得到较好体现，需要进一步打通该行业从投入到产出的转化渠道。

计算机及办公设备制造业、电子及通信设备制造业在支撑性因子得分上排名靠后。提升这两个行业的技术创新能力，可以从进一步完善创新组织机构建设、提升研发人员配备、提升产学研合作水平等方面入手。

（三）F_3 技术引进因子得分解读

F_3 体现的是技术引进情况，其变化趋势与技术创新能力的变化基本一致，以 2013 年为节点，先升后降，说明技术引进情况对装备制造技术创新能力的变化产生了直接影响。

从近 6 年来的平均得分情况来看（见表 4 – 19、图 4 – 14），各行业

的排名为 $H_1 > H_4 > H_2 > H_5 > H_3$。综合得分排名第 4 位的医疗仪器设备制造业在技术引进项上得分较高，排在第 2 位，反映了医疗仪器设备制造业现阶段技术创新对技术引进作为创新来源的特征依然较为明显。航空航天器设备制造业在 2013 年出现了技术引进的猛增，其他四个行业也基本在 2013 年达到了最大值。计算机及办公设备制造业得分明显低于其他行业，进一步提升行业技术创新能力，应努力开拓更多的新技术获取渠道。

表 4 – 19　2011 ~ 2016 年 H_1 ~ H_5 技术引进因子 F_3 得分及排名

年　　份	H_1	H_2	H_3	H_4	H_5
2011	0.1503	0.0294	– 0.2464	0.0963	0.0232
2012	0.1110	0.0792	– 0.2189	0.1930	0.0458
2013	0.8103	0.2507	– 0.0630	0.3892	0.3097
2014	0.2550	0.1949	– 0.0505	0.2290	0.1724
2015	0.0377	0.1493	– 0.0742	0.1804	0.0978
2016	0.0217	0.1728	– 0.0704	0.1629	0.1007
平均得分	0.2310	0.1461	– 0.1206	0.2085	0.1249
排　　名	1	3	5	2	4

注：平均得分是每个行业 2011 ~ 2016 年 F_3 的得分加总除以 6 得到。

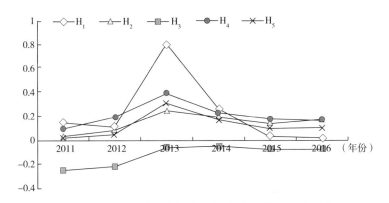

图 4 – 14　2011 ~ 2016 年 H_1 ~ H_5 技术引进因子 F_3 得分

（四）F_4 人力资源因子得分解读

F_4 体现的是产业创新的人力资源情况，近年来整体变化幅度不大，除计算机及办公设备制造业外，整体表现出小幅上升态势。

从近 6 年的平均得分情况（表 4 - 20、图 4 - 15）来看，各行业的排名为 $H_2 > H_3 > H_5 > H_4 > H_1$。电子及通信设备制造业得分明显高于其他行业，反映了该行业的创新人力资源投入力度较大。与其他公共因子得分不同，航空航天器设备制造业在人力资源投入上得分最低，进一步提升航空航天器设备制造业技术创新能力，可以从加大行业人力资源投入入手。

表 4 - 20　2011 ~ 2016 年 $H_1 \sim H_5$ 人力资源因子 F_4 得分及排名

年　　份	H_1	H_2	H_3	H_4	H_5
2011	- 0. 2216	0. 8159	0. 5512	0. 1533	0. 1487
2012	- 0. 3033	0. 8860	0. 5211	0. 0981	0. 0439
2013	- 0. 0674	0. 8349	0. 3414	- 0. 0086	0. 0949
2014	- 0. 5233	0. 8554	0. 2939	- 0. 0027	0. 0738
2015	- 0. 2890	0. 9593	0. 3123	0. 0622	0. 1421
2016	- 0. 0058	0. 9434	0. 2737	0. 0905	0. 1410
平均得分	- 0. 2351	0. 8825	0. 3823	0. 0655	0. 1074
排　　名	5	1	2	4	3

注：平均得分是每个行业 2011 ~ 2016 年 F_4 的得分加总除以 6 得到。

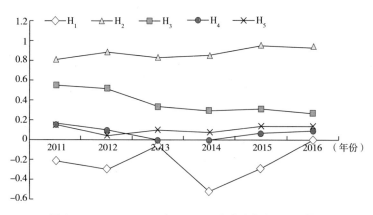

图 4 - 15　2011 ~ 2016 年 $H_1 \sim H_5$ 人力资源因子 F_4 得分

（五）小结

总体来看，2013 年以来，以资金为主的投入下降和引进技术强度下降是造成我国装备制造业技术创新能力下滑的关键因素。

航空航天器设备制造业在投入类因子、支撑性因子、技术引进因子三个关键性要素上都排在各行业的首位，而人力资源投入的表现却不尽人意，排在最后一位，提升航空航天器设备制造业的技术创新能力水平可以重点从提高人力资源投入入手，强化人力资源支撑。

电子及通信设备制造业在人力资源投入上表现突出，排在首位。在投入类因子、技术引进因子两个关键性要素上都排在了第 3 位，在支撑性因子上排在了第 4 位。进一步提升电子及通信设备制造业的技术创新能力，可以从进一步提升组织机构、人员配备等支撑性要素建设、多渠道获取技术来源等方面着手。

计算机及办公设备制造业在投入类因子和人力资源因子上均排在第 2 位。但在支撑性因子、技术引进因子上都排在最后一位，存在明显的缺陷。提升计算机及办公设备制造业技术创新能力，要在优化支撑性要素、多渠道获取技术来源上下大力气。

医疗仪器设备制造业除了在技术引进因子上排名靠前外，其他三个因子表现均比较靠后。提升医疗仪器设备制造业的技术创新能力，要总体优化行业的各类创新公共因子水平。

仪器仪表制造业虽然总体排名在最后一位，但在支撑性因子、人力资源因子上都排名较为靠前，而在投入类因子和技术引进因子上则存在明显的不足。提升仪器仪表制造业技术创新能力，要在提升创新资金类投入、优化利用更多国外技术上做好工作。

第五节　分行业技术创新能力实证分析结果的内涵分析及启示

从实证分析结果来看，对我国装备制造业技术创新能力产生关键性影响的几个要点包括以下四个方面，这也构成了政策的关键着力点。

一 企业对于装备制造业创新能力具有决定性意义，实现企业在创新网络中的核心地位是提升装备制造业产业创新能力的优先着力点

通过产业技术创新能力的实证分析结果可以得知，企业参与产业创新的能力对于装备制造业产业创新能力的高低具有决定性作用。然而当前，我国装备制造企业参与创新的门槛还比较高，激励不足。充分调动企业在装备制造业创新过程的主动性、积极性，降低企业参与产业创新的门槛和难度，将这一理念贯穿到从产业技术开发到新产品转化的全链条中，对于提升我国装备制造业技术创新能力具有重要意义，应该成为政策的优先着力点。

（一）决定我国装备制造业产业创新能力的首要因素在于企业

我国装备制造业产业技术创新能力的实证分析结果表明，企业参与产业创新能力的各类指标处于第一类公共因子和第二类公共因子中，这两类公共因子解释了71.881%的差异，说明企业参与产业技术创新的能力是关系我国装备制造业技术创新能力的核心因素。相关政策思路要致力于划分好政府与企业的职能，政府要围绕为企业服务、降低企业创新门槛、提升企业创新热情展开工作。

当前，我国装备制造业产业创新过程中，企业的核心主体地位还未能充分发挥，产业创新需要企业充当核心主体的认识还浮于表面。2013年以来产业创新能力评价结果的下滑与近年来装备制造企业创新动力不足直接相关。必须认识到创新不是科研，也不是简单的技术进步，产业创新最终的实现是面向市场，新知识的创造、新技术的诞生仅仅是创新整个过程中的一个环节，最终技术价值的实现靠的是企业。装备制造企业是装备制造业产业创新的实际操盘者和推动者，这是其他主体无法取代的。

（二）装备制造企业参与产业技术创新的能力近年来稳中趋降

我国装备制造企业参与产业创新的能力在近 6 年来并没有明显提升，从 2011～2016 年企业进行创新的研发机构建设、平均经费水平和平均人员配备水平的数据指标来看，整体呈现稳中趋降的特征，计算机及办公设备制造业出现明显下滑。

1. 企业研发机构建设数量情况

从表 4-21、图 4-16 可以看到，这五个行业有研发机构的企业比例均在 30% 左右，也就是说约 1/3 的企业拥有自己的研发机构，且这一比例近年来没有明显变化。

表 4-21　2011～2016 年重点行业有研发机构的企业比例

单位：%

年份	航空航天器设备制造业	电子及通信设备制造业	计算机及办公设备制造业	医疗仪器设备制造业	仪器仪表制造业
2011	37.05	17.78	17.21	20.27	23.77
2012	37.83	29.54	29.99	34.50	37.85
2013	31.76	24.03	22.11	30.26	31.11
2014	33.14	25.59	21.67	30.10	32.88
2015	34.03	28.58	24.96	32.06	35.18
2016	35.06	36.35	35.59	36.72	38.32

资料来源：笔者根据 2012～2017 年的《中国高技术产业统计年鉴》计算所得，对应 2011～2016 年数据。

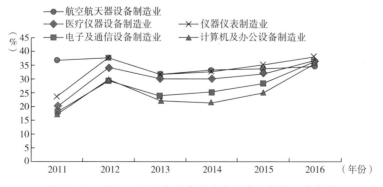

图 4-16　2011～2016 年重点行业有研发机构的企业比例

资料来源：笔者根据 2012～2017 年的《中国高技术产业统计年鉴》计算所得，对应 2011～2016 年数据。

从表4-22、图4-17来看，相较于各行业的企业总数，企业平均办研究机构数量是较少的，大部分都在0.5家左右，说明每两家企业拥有不到1家研发机构，且近年来并没有明显的变化，说明企业办研发机构总数的增加主要是伴随企业数量增加而发生的。

表4-22 2011~2016年分行业企业平均办研发机构数量

单位：家

年份	航空航天器设备制造业	电子及通信设备制造业	计算机及办公设备制造业	医疗仪器设备制造业	仪器仪表制造业
2011	0.54	0.25	0.23	0.26	0.30
2012	0.56	0.37	0.37	0.40	0.46
2013	0.47	0.30	0.27	0.35	0.39
2014	0.49	0.33	0.28	0.36	0.42
2015	0.51	0.37	0.33	0.39	0.44
2016	0.47	0.46	0.45	0.42	0.47

资料来源：笔者根据2012~2017年的《中国高技术产业统计年鉴》计算所得，对应2011~2016年数据。

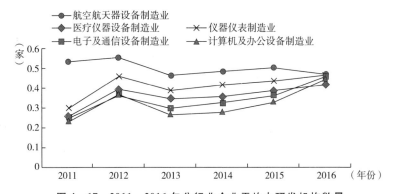

图4-17 2011~2016年分行业企业平均办研发机构数量

资料来源：笔者根据2012~2017年的《中国高技术产业统计年鉴》计算所得，对应2011~2016年数据。

2. 企业办研发机构经费投入水平

从企业办研发机构平均经费支出（见表4-23、图4-18）来看，与总支出的普遍增长态势不同，五个行业的企业办研发机构平均经费支出整体呈现出稳中趋降的状态，计算机及办公设备制造业更是出现了大幅下滑。

表 4 - 23　2011～2016 年重点行业企业办研发机构平均经费支出

单位：万元

年份	航空航天器设备制造业	电子及通信设备制造业	计算机及办公设备制造业	医疗仪器设备制造业	仪器仪表制造业
2011	3537.13	2600.18	3893.82	936.94	664.61
2012	3291.94	2087.2	3451.55	815.25	711.95
2013	3847.56	2360.55	2927.01	811.02	766.56
2014	3523.45	2366.84	2366.67	766.17	739.29
2015	3505.1	2771.39	2300.28	912.43	813.28
2016	3759.74	2523.26	2145.44	915.22	793.74

资料来源：笔者根据 2012～2017 年的《中国高技术产业统计年鉴》计算所得，对应 2011～2016 年数据。

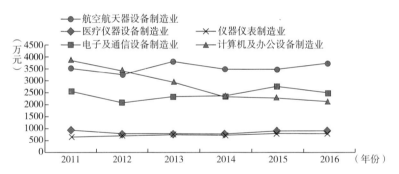

图 4 - 18　2011～2016 年重点行业企业办研发机构平均经费支出

资料来源：笔者根据 2012～2017 年的《中国高技术产业统计年鉴》计算所得，对应 2011～2016 年数据。

3. 企业办研发机构人员配备水平

进一步从企业办研发机构人员配备的平均水平[①]（见表 4 - 24、图 4 - 19）来看，企业办研发机构人员平均数整体呈现稳中有降的特征，反映了这些行业的企业办研发机构人员配备水平有所下降。

----

① 此处用某一行业的企业办研发机构人员总数比上该行业企业办研发机构数量得到。

表 4 – 24　2011～2016 年重点行业企业办研发机构平均人员数量

单位：人

年份	航空航天器设备制造业	电子及通信设备制造业	计算机及办公设备制造业	医疗仪器设备制造业	仪器仪表制造业
2011	209.33	108.32	129.58	45.66	48.65
2012	200.74	89.06	144.64	38.28	46.00
2013	220.39	83.17	121.01	37.64	44.15
2014	196.19	77.91	115.31	35.08	43.08
2015	171.18	85.03	99.86	37.32	43.06
2016	160.20	75.60	87.30	37.60	42.70

资料来源：笔者根据 2012～2017 年的《中国高技术产业统计年鉴》计算所得，对应 2011～2016 年数据。

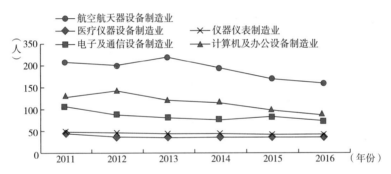

图 4 – 19　2011～2016 年重点行业企业办研发机构平均人员数量

资料来源：笔者根据 2012～2017 年的《中国高技术产业统计年鉴》计算所得，对应 2011～2016 年数据。

（三）企业参与产业创新能力不足的主要障碍

1. 政府与市场的关系混乱是影响企业参与产业创新的基础性环境缺陷

在装备制造业产业创新的过程中，政府与市场的关系没有理顺。近年来，为了推动装备制造业特别是高端装备制造业的发展，国家层面出台了一系列的大型科技项目。然而政府关注的重点仍集中于个别项目和个别企业，对于打造良好的产业创新生态重视不足。关键装备制造过于强调科研院所、企业背景，政府管得过细造成的资源错配堵住了其他企业创新的可能。到地方政府一级，追求短期大企业效应、GDP 效应的选择性产业政策大量使用，造成了严重的资源错配，阻碍了企业在装备制造业产业创新中的活跃度和积极性。

2. 创新准入门槛仍然较高，创新扶持政策的精准性不足

创新产品的准入政策跟不上创新实践。新产品审批流程仍然较长，企业创新成果产品化的手续过于烦琐，"红顶中介"等变相审批依然存在。相较于产业创新成果的不断涌现，现有政策相对滞后，一些前沿产品无法找到所对应的行业目录，导致一些属于高端前沿的创新成果无法获得国家的支持。

一些政策虽好，却在执行中大打折扣，弱化了其应有的促进和带动作用。例如研发费用加计扣除政策，企业是抱有热切期待的，但由于税务部门进行统计所定义的研发费用与高新技术企业所规定的研发费用不统一，执行中往往被"打折扣"。虽然有支持高端设备国产化的政策，例如《首台（套）重大技术装备推广应用指导目录（2015 年版）》，但首台（套）设备通常还没有产生市场业绩，具有一定的运行风险，销售难度很大，相关政策缺少实施细则，现实中难以操作。

一些扶持政策缺少有针对性的设计，一刀切的扶持方式难以对不同生产特征、创新特点的行业发展起到有效的扶持作用。例如在税优政策中虽然有针对工业企业规模评定的统一标准，但是不同行业的资产特征是不同的，利用一个规模标准对不同行业来说是有失公平的。

3. 政府采购没有起到有效支持国内装备制造业升级的作用

政府采购政策能够对本国产业发展起到突出的导向和带动作用，为国产品牌立足于市场竞争奠定良好的基础。然而我国的政府采购政策在支持本国品牌成长、带动本国装备制造业发展方面没有发挥积极的推动作用。在招投标过程中，国产品牌不仅没有得到支持，甚至还受到某种程度的不公平待遇。采购部门倾向于对国产品牌和中小微企业采用更严格的检测标准；即使在同样的性能标准下，采购部门也更倾向于采用外国品牌产品。对于一些大型装备的制造，政府对企业购买进口设备给予补贴，对购买我国自主研发升级的设备则缺少支持。

4. 装备制造业产业组织形式落后，小企业生存环境艰难

我国装备制造业大型企业集中度较差，盲目追求企业自备和区域范围的配套，零部件自制率较高，资源的分散使企业不足以承载大额、长期的研发投入，这就降低了企业效率，阻碍了企业的长远发展，同时也阻碍了中小企业专业化程度的提高。

从世界各国的经验来看，中小企业是装备制造业产业链上最活跃的要素，主要装备制造业强国无不为中小企业的发展努力打造良好的外部环境。然而，我国产业政策"重大不重小""重国不重民"的特征依然非常明显。在现有政府资源分配体制下，中小微企业的创新门槛很高；越是大企业，国资背景越深厚，能够获得的政策优惠、资金等各种资源也就越多。各类创新扶持政策和财税优惠政策对于处于初创期的小企业并不友好，只有具有一定生产规模和市场效益的中小企业才能享受大量的创新扶持政策和财税优惠政策。

5. 与装备制造业技术创新配套的生产性服务业不发达

在以服务型制造、柔性制造为代表的新型制造模式兴起的今天，装备制造业技术创新绝不仅仅是制造本身的创新，还包括了应用服务在内的其他要素。从产业技术创新的内涵来看，创新并不仅仅是知识和技术的创造，而是必须能够投入市场实现商品化和产业化，最终得到应用，才是实现产业创新的全过程，企业的投入才能得到回报，从而不断推动新成果的出现及应用。由此可见，从研发、设计到营销、品牌培育，以及技术服务、供应链管理等不同环节都是装备制造业产业创新链条中不可或缺的环节。除少数大企业外，绝大多数装备制造企业不可能同时具备所有环节，这就需要完善的生产性服务业与装备制造业形成有效的联系和互动，实现ODM①和OBM②。目前，我国生产性服务业发展还不充分，还无法高效满足市场需求的产业规模，无法满足装备制造业的创新需求。尽管近年来在国家层面出台了一系列鼓励发展生产性服务业的政策，但总体来看，缺少有利于政策落实的配套细则，特别是在准入便利化、质押担保、对外开放等方面，依然存在不利于生产性服务业发展的问题。

---

① ODM，即 Original Design Manufacturer，指原始设计制造。
② OBM，即 Original Brand Manufacturer，指原始品牌制造。

二　资金类投入是我国装备制造业技术创新能力的基本保障，资金脱实向虚是装备制造业产业创新能力提升的巨大挑战

通过产业技术创新能力的实证分析结果可以得知，资金类投入因子是装备制造业产业创新能力的基础保障。然而当前，我国装备制造业面临资金脱实向虚的挑战巨大，产业创新的资金基础需要巩固和强化。需要指出的是，资金问题也是企业参与产业技术创新能力的重要保障，此处鉴于资金的基础性作用，将资金保障问题单独陈述。

（一）资金投入保障是我国装备制造业技术创新的基本保障

装备制造业技术创新具有时间长、风险大、投入资金量大等特征，以资金投入为主的投入类因子解释了 56.030% 的我国装备制造业技术创新能力的行业差异。这意味着，保障我国装备制造业技术创新能力资金类投入是基础性条件。总体来看，2013 年以来，以资金为主的投入下降是造成我国装备制造业技术创新能力下滑的重要因素。近年来资金脱实向虚的问题仍是当前我国装备制造业技术创新过程中面临的难点，装备制造创新资金保障不足是未来创新必须警惕的问题。

（二）装备制造创新研发与应用的资金需求难以满足，资金脱实向虚问题严重

近年来，我国装备制造企业进行技术创新面临的资金环境较为恶劣。企业主要融资手段为银行、民间借贷及上市融资，但目前这三种途径均是阻力重重。旧有市场需求萎缩，新的需求还未形成，企业生存困难，银行不愿借贷。为了还利息，企业不得不进行高额民间借贷，一些企业的年利息高达 30%（中国鞋网，2016）。财务成本已经使企业不堪重负，无力创新。技术改造无法作为抵押物，企业如果没有房产抵押，银行不愿放贷。不断下行的制造业投资回报与居高不下的实际融资成本之间的矛盾日益突出。2014 年，我国实体经济资本回报率曲线已经与我国实体经济融资成本曲线交叉，意味着企业赚的钱无法偿还银行利息，近 52% 的新增信贷被用在实体经济的还本付息上（范棣，2016）。从金融体系自

身运转来看，大部分货币资金只是在金融体系内空转，并未进入实体经济，存在大量违规同业拆借。

此处资金类投入包括研发活动本身经费投入、人员相关经费投入、新产品转化经费投入等。从 R&D 经费投入强度①（见表 4 - 25、图 4 - 20）来看，参照发达国家 4% ~ 10% 的水平，除航空航天器设备制造业已经达到这一水平，其他四个行业还远低于这一水平（王章豹、郝峰，2010）。从投入走势上来看，航空航天器设备制造业 2012 年之后出现了持续下降，其他行业则维持在相对稳定的低水平上。

表 4 - 25　2011 ~ 2016 年重点行业 R&D 经费投入强度

单位：%

年份	航空航天器 设备制造业	电子及通信 设备制造业	计算机及办公 设备制造业	医疗仪器 设备制造业	仪器仪表 制造业
2011	8.74	1.90	0.76	2.29	2.00
2012	8.75	1.89	0.78	2.41	2.03
2013	6.93	2.02	0.65	2.71	2.15
2014	7.15	2.04	0.70	2.25	2.19
2015	6.80	2.09	0.91	2.82	2.28
2016	5.83	2.20	0.93	2.64	2.11

资料来源：笔者根据 2012 ~ 2017 年的《中国高技术产业统计年鉴》计算所得，对应 2011 ~ 2016 年数据。

(三) 装备制造业创新投入受限的主要障碍

1. 适应不同类型企业发展需求的多层次资本市场尚未建立

民营企业，特别是中小微企业能够获得的资金支持非常少，融资渠道十分有限。这种情况在传统装备制造业尤为突出，即使这些行业有领先的创新成果，也难以获得社会资本的支持。直接融资渠道狭窄，企业很难取得公开发行上市资格，仍以银行贷款为主。

2. 担保机制不健全，装备制造业获得银行贷款的难度很大

装备制造业存在高新技术发展的不确定性，且资金需求量巨大，周

---

① 本节所使用的原始数据见附表11。

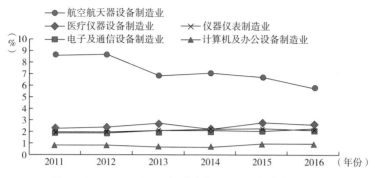

图 4 - 20　2011～2016 年重点行业 R&D 经费投入强度

资料来源：笔者根据 2012～2017 年的《中国高技术产业统计年鉴》计算所得，对应 2011～2016 年数据。

期长，经营和资金使用范围较宽，装备制造业的资金使用风险也相应增加。项目贷款往往要求项目本身具有高投资回报率或第三方抵押。而大部分装备制造项目前景无法预估，这就加大了第三方抵押担保的风险，因此很难获得风险担保。

3. "虚""实"制度供给不平衡，装备制造业作为典型的实体经济受资金脱实向虚影响较大

实体经济主体和虚拟经济主体在国家层面所能获得的支持不平衡，虚拟经济主体的创新行为获得了各级政府的大量支持。政府对两类主体的监管标准更是松弛不一。装备制造业等实体经济主体所面临的监管多是从严出发；而虚拟经济主体所面临的监管多是从宽出发，且由于行业发展较快，现行监管体系存在大量监管真空。从税负上来看，二者面临的税负也是轻重不一。装备制造业等实体经济主体面临严格的税负体制，一旦交易发生就会伴随高额税负的征收，只要有交易就要缴纳高额的税负；而虚拟经济主体则面临很低的税负环境，互联网、金融交易获利大多不需要交纳税款。

4. 装备制造企业面临的税费负担过重

尽管近年来，供给侧结构性改革着力降成本已初见成效，但整体来看我国装备制造业企业仍然面临较高的宏观税负。

世界银行和普华永道 2016 年底公布的《世界纳税指数 2017》中计算了 190 个经济体的总税率指数。结果显示，我国总税率高达 68%，居于

全球第 12 位, 比德国、日本高 19 个百分点, 比美国高 24 个百分点, 比韩国高 35 个百分点。考虑税负转嫁因素后, 我国制造业企业税负依然很高。[①] 中国银行国际金融研究所的研究表明 (数据模拟见表 4-26), 我国大部分制造业行业平均利润率都低于 20%, 折算所得税税率大多高于 45%。在税收之外, 我国装备制造业企业还面临着各种各样的税外缴费。2016 年, 我国非税收入与国内生产总值的比为 10.2%, 而美国这一比值仅为 5% (高玉伟, 2017)。

表 4-26　中国制造业企业折算所得税税率估算：数值模拟

单位：元, %

业务收入	利润率	税前利润	所得税	增值税	纳税总额	折算所得税税率
10000	30	3000	750	400	1150	38
10000	25	2500	625	400	1025	41
10000	20	2000	500	400	900	45
10000	15	1500	375	400	775	52
10000	10	1000	250	400	650	65
10000	8.62	862	216	400	616	71
10000	5	500	125	400	525	105

资料来源：中国银行国际金融研究所。

三　技术获取以技术引进为主, 多渠道、高质量获取技术是未来提升我国装备制造业技术创新能力的有效支撑

通过产业技术创新能力的实证分析结果可以得知, 技术引进是我国装备制造业获得技术来源的重要途径, 国内技术对产业的支撑作用还比较弱。伴随着国际贸易摩擦的加剧, 多渠道、高质量获取技术是未来提升我国装备制造业技术创新能力的有效支撑。

(一) 技术引进对我国装备制造业技术创新能力影响较大, 但含金量不足, 且难度不断提升

引进技术经费占主营业务收入的比重, 成为独立的公共因子之一,

---

① 一般制造业企业承担的增值税 2/3 可以转嫁, 企业实际承担 1/3 左右。

可以解释 10.276% 的不同行业创新能力差异。这说明技术引进对我国装备制造业创新能力影响较大，也从一个侧面反映了我国装备制造业创新对外依赖度较大。

1. 引进技术后的消化吸收能力较差

不可否认的是，我国正处于后起追赶的发展阶段。引进成熟国家技术是我国现阶段获得先进技术的一条重要路径。但从日、韩等追赶型国家经验来看，引进环节只是技术引进的第一步，选择模仿创新路径的关键在于引进之后的消化吸收。从装备制造业的引进与消化吸收的投入水平来看，前者明显高于后者。这就表明我国装备制造业引进国外技术之后转化为自身技术，并且进一步转化为自身技术优势的投入不足，由此带来的创新成果含金量也就不高。

从引进技术经费支出和消化吸收经费关系（见表 4-27、图 4-21）来看，计算机及办公设备制造业二者支出相当，其他行业后者远低于前者，反映了我国装备制造业技术引进过程中重引进、轻消化吸收的特征。

表 4-27 2011~2016 年重点行业消化吸收经费支出和引进技术经费支出情况

单位：万元

年份	航空航天器设备制造业		电子及通信设备制造业		计算机及办公设备制造业		医疗仪器设备制造业		仪器仪表制造业	
	消化	引进	消化	引进	消化	引进	消化	引进	消化	引进
2011	5820	21109	75078	540321	8337	9976	1407	33785	28608	29742
2012	8146	9693	32564	580945	2612	26302	1822	63050	6929	26144
2013	1563	16308	66613	391741	3391	20901	1546	54194	9535	41015
2014	3440	29014	80254	454401	906	6183	1449	45875	7251	51922
2015	2731	13841	67467	614364	4576	4620	1346	36295	3478	23287
2016	3776	29697	44506	885742	6469	2960	699	27205	4177	27205

资料来源：2012~2017 年的《中国高技术产业统计年鉴》，对应 2011~2016 年数据。

2. 技术引进的难度正在不断提升

伴随着贸易摩擦的不断升级，获取境外技术的难度越来越大。2018

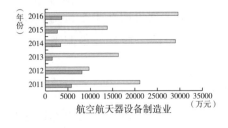

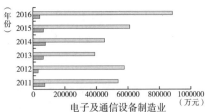

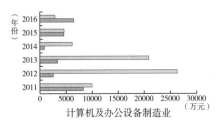

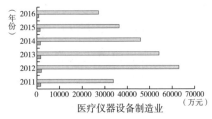

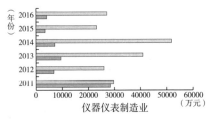

图 4 - 21　2011~2016 年重点行业消化吸收经费支出和引进技术经费支出情况

注：在上的柱状为引进技术经费支出，在下的柱状为消化吸收经费支出。

资料来源：2012~2017 年的《中国高技术产业统计年鉴》，对应 2011~2016 年数据。

年的中美贸易摩擦中，特朗普政府关注的焦点之一就是限制中国企业从美国企业手中获得技术。① 中兴"芯片"短板②，表明装备制造，特别是

----

① 美国当地时间 2018 年 3 月 23 日，美国总统特朗普签署了一份《对华贸易备忘录》，宣布基于"301 调查"结果，将对约 600 亿美元进口自中国的商品加征关税，并对中资投资美国设限等。涉及领域包括高铁装备、航空产品、新能源汽车、新一代信息技术、工业机器人、农机装备、新材料、生物医药、高性能医疗机械等 1300 个类别。这是现代历史上美国总统对中国开出的最大一笔贸易"罚单"。特朗普发难的问题主要包括指责中国对国内企业实行大规模的优惠扶持政策，包括国家的扶持战略和政府采购过程中的偏向性，对外资公司不公平；特朗普指责中国对美国出口企业施加贸易壁垒，比如配额制度和许可制度，通过牺牲外资企业的方式，优惠中国下游的制造业企业；关于知识产权保护的争端，美国以知识产权问题发难，指责中国不公平收购美国技术的行为和政策，构筑非关税壁垒，挑起贸易战。

② 美国商务部于 2018 年 4 月 16 日宣布，未来 7 年将禁止美国公司向中兴通讯销售零部件、商品、软件和技术。禁售理由是中兴违反了美国限制向伊朗出售美国技术的制裁条款。

高技术含量的装备制造业今后面临的技术引进壁垒提高。这也凸显出了我国高技术制造业的核心短板,这些正是需要技术创新支撑,实现从无到有、从低到高突破的关键领域。

从引进技术经费支出来(见表 4-28、图 4-22)看,各行业近 6 年来的投入水平波动较大。除电子及通信设备制造业先降后升之外,其他行业近年来相关投入整体呈下滑趋势。

表 4-28 2011~2016 年分行业引进技术经费支出

单位:万元

年份	航空航天器设备制造业	电子及通信设备制造业	计算机及办公设备制造业	医疗仪器设备制造业	仪器仪表制造业
2011	21109	540321	9976	33785	29742
2012	9693	580945	26302	63050	26144
2013	16308	391741	20901	54194	41015
2014	29014	454401	6183	45875	51922
2015	13841	614364	4620	36295	23287
2016	29697	885742	2960	27205	27205

资料来源:2012~2017 年的《中国高技术产业统计年鉴》,对应 2011~2016 年数据。

(二)国内研发成果对装备制造业产业技术创新的支撑能力还较弱

国内研发和技术成果能够对装备制造业产业创新形成有效支撑的成果还比较少,与技术引进相比,处于明显劣势。2017 年中国对外支付的知识产权使用费达到 286 亿美元,逆差超过 200 亿美元(肖旭宏,2018)。从 2011~2016 年重点行业的数据来看,医疗仪器设备制造业引进技术经费与购买境内技术经费的比高达 29,其他行业近年来也呈现出对引进技术更多的依赖。

引进技术经费与购买境内技术经费的比值反映了某一行业购买境内技术支出与技术引进支出的关系。若这一比值大于 1,说明引进技术经费支出大于购买境内技术经费支出;若这一比值小于 1,说明引

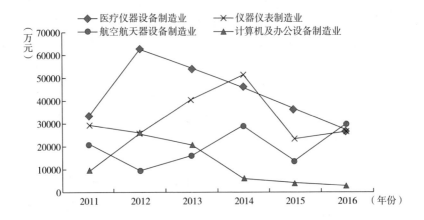

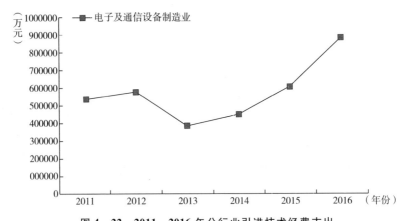

图 4 - 22 2011 ~ 2016 年分行业引进技术经费支出

资料来源：2012 ~ 2017 年的《中国高技术产业统计年鉴》，对应 2011 ~ 2016 年数据。

进技术经费支出小于购买境内技术经费支出。从表 4 - 29 可以看出，医疗仪器设备制造业这一比值远大于 1，代表着其引进技术经费支出远大于购买境内技术经费支出，即该行业的技术来源以境外或港澳台地区为主。电子及通信设备制造业、仪器仪表制造业这一比值也都大于 1，表明这两个行业的引进技术经费支出大于购买境内技术经费支出。航空航天器设备制造业、计算机及办公设备制造业这一比值的波动较大，但整体来看仍是引进技术经费支出大于购买境内技术经费支出。

表 4 - 29 2011～2016 年分行业引进技术经费与购买境内技术经费的比

年份	航空航天器 设备制造业	电子及通信 设备制造业	计算机及办公 设备制造业	医疗仪器 设备制造业	仪器仪表 制造业
2011	1. 43	9. 27	0. 67	6. 81	2. 02
2012	1. 09	5. 68	2. 18	14. 17	1. 06
2013	1. 93	3. 58	2. 83	29. 83	2. 82
2014	0. 28	2. 36	0. 98	17. 56	3. 47
2015	0. 79	1. 36	0. 71	22. 59	1. 58
2016	4. 67	1. 48	0. 48	24. 08	1. 66

资料来源：笔者计算所得。

（三）产学研转化存在重大制度障碍，企业在推动产学研转化中的作用没有有效发挥

产学研合作是实现技术获取到产业转化的重要形式。整体来看，我国装备制造业产学研合作情况不佳。从表 4 - 30 可见，近 6 年来，除航空航天器设备制造业 R&D 经费外部支出占比较高之外，其他四个行业，这一比例均在 5% 左右。外部支出占比很低，从一定意义上说明产学研结合不密切；且从图 4 - 23 可见，没有明显提升的趋势。

表 4 - 30 2011～2016 年分行业 R&D 经费外部支出占比

单位:%

年份	航空航天器 设备制造业	电子及通信 设备制造业	计算机及办公 设备制造业	医疗仪器 设备制造业	仪器仪表 制造业
2011	11. 55	3. 88	2. 09	4. 24	5. 21
2012	16. 51	4. 46	1. 39	3. 33	4. 47
2013	11. 61	4. 57	1. 35	3. 08	4. 16
2014	11. 55	3. 88	2. 09	4. 24	5. 21
2015	22. 19	5. 73	1. 78	3. 09	5. 22
2016	18. 62	7. 85	2. 70	4. 07	4. 55

资料来源：笔者根据 2012～2017 年的《中国高技术产业统计年鉴》计算所得，对应 2011～2016 年数据。

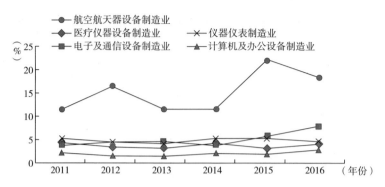

图 4-23　2011~2016 年分行业 R&D 经费外部支出占比

资料来源：笔者根据 2012~2017 年的《中国高技术产业统计年鉴》计算所得，对应 2011~2016 年数据。

1. 企业没有在产学研链条的有效运作中发挥主要的牵头引领作用

在推动装备制造业的产学研合作过程中，过分强调高校和科研院所的作用，特别是政府推动的产业化项目中，往往将大量精力和希望寄托于高校和科研院所，忽略了企业在这一链条中的作用。事实上对于研发成果转化最有动力和主动性的正是企业，企业也是最了解市场、能够敏锐捕捉最具有市场转化价值的科研成果。从最初的科研成果到最终投入市场、实现产业化还要经历十分漫长的过程，企业的作用被忽略了。

2. 科技中介服务业尚不发达

科技中介是连通企业与科研院所创新需求和创新成果信息的桥梁。我国科技中介服务业发展相对滞后，专业化的平台少、从业人员总体素质较低、服务质量较差，没有在产学研之间起到有效衔接的作用。很多成果仅仅停留在实验室阶段，无法得到应用；一些企业需要获取新知识新技术，却苦于没有渠道。

3. 部门之间的壁垒导致科研院所成果向产业转化受阻

以科技部门为主导的《促进科技成果转化法》规定，科研院所在成果转化过程中可通过协议定价、在技术交易市场挂牌交易、拍卖等方式确定价格。立法本意在于释放科研院所成果转化的红利，通过权力下放破除成果转化中的政策壁垒。而在实际转化过程中，由于职务发明专利的产权归单位所有，公立大学和科研院所成果属于国有资产管理范畴，财政部对其有具体的管理要求，科研院所没有定价权，只有科技成果转化的自主权。科技成果的转化还需要进行评估备案，评估名为"备案"，实为"审批"。通常需要耗时半年，阻碍了科研成果向产业转化的效率。

（四）新技术应用支撑近年来在弱化

技术改造投入反映了企业将新的技术成果应用于生产的投入力度。从技术改造经费占主营业务收入的比重（见表4-31、图4-24）来看，重点行业改造经费占主营业务收入的比重整体在下降，说明了我国装备制造业技术改造的投入力度在降低，新技术应用的支撑在弱化。

表4-31　2011～2016年分行业技术改造经费占比

单位：%

年份	航空航天器设备制造业	电子及通信设备制造业	计算机及办公设备制造业	医疗仪器设备制造业	仪器仪表制造业
2011	2.05	0.27	0.06	0.53	0.90
2012	2.27	0.26	0.08	0.59	0.81
2013	1.77	0.32	0.04	0.60	0.50
2014	2.35	0.20	0.04	0.40	0.33
2015	2.06	0.20	0.08	0.35	0.25
2016	1.22	0.29	0.13	0.25	0.22

资料来源：笔者根据2012～2017年的《中国高技术产业统计年鉴》计算所得，对应2011～2016年数据。

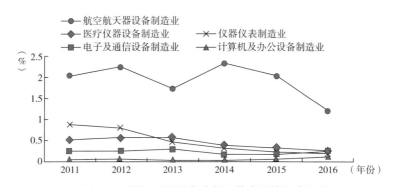

图4-24　2011～2016年分行业技术改造经费占比

资料来源：笔者根据2012～2017年的《中国高技术产业统计年鉴》计算所得，对应2011～2016年数据。

四 人力资源是提升装备制造业技创新能力的核心因素，激发人在装备制造业产业创新中的活力至关重要

通过产业技术创新能力的实证分析结果可以得知，人力资源已经成为关系装备制造业技术创新能力的核心因素，但提升的空间还很大，深度挖掘人力资源的潜力对提升我国装备制造业的技术创新能力具有重要的现实意义。

（一）人力资源已经成为关系装备制造业技术创新能力的核心因素，但发挥作用还不突出

人力资源情况成为独立的公共因子，能够解释8.278%的行业差异，排在各类公共因子的最后一位。一方面人力资源成为独立的公共因子，说明其在装备制造业产业创新过程中发挥了非常重要的作用；另一方面人力资源因子占比较低说明这类要素的影响力还不足。激发人力资源在装备制造业产业创新中的积极性和主动性对于未来提升我国装备制造业技术创新能力具有重要的现实意义。

（二）人力资源在推进装备制造业产业创新过程中还有较大的潜在空间

技术创新的核心是人才，人才短缺是制约我国装备制造创新水平提升的重要因素。目前我国大部分装备制造业企业内部具有技术创新能力的研发人员十分短缺，严重制约了产业创新能力。除了进行创新研发的科研人员，符合产业技术创新升级生产需求的高素质的产业工人队伍建设也十分滞后。相较于产业创新实践的需求，职业教育体系还比较落后，教育模式与产业实践的融合度低，所培养的人才能够直接成为合格的产业工人的比例较低。

（三）人力资源在推动装备制造业技术创新能力提升中的主要障碍

1. 企业人才引进制度性红利没有得到实质性发挥

在收入之外，企业会受到所在地区对于人口落户、人才职称评定、

配偶就业、子女教育等方面政策的限制和影响，使人才引进受到阻碍。科技人员持股仍然存在体制机制障碍，难以落实。企业对研发人员的股份激励，由于现行税收制度要求员工未获收益之前就缴纳相应税负，且比例较高，极大降低了股份激励的有效性。

2. 职业教育体制无法满足装备制造业创新转化对高质量产业工人的需求

18世纪末，德国制造在从低质量向高质量转型的阶段，以立法形式确立的双元制职业培训体系培养了大量适应新要求的工人，为德国制造的崛起直接输送了"人"这一最重要的要素。反观我国的职业教育，从社会地位到教育内容再到产学之间的联系，都存在严重不足，亟须政府从头抓起，强化教育立法，并主动与企业交涉，为我国职业教育体系的优化提升努力创造好的条件。

3. 公立机构的科研人员缺少对自身科研成果的支配权

目前的公立高校和科研院所成果管理体系下，发明人对职务发明无法获得知识产权的支配权，就失去了成果市场化应用的权利。现有职务科技成果所有权体制将发明人和发明成果割裂开；而目前对于发明人的奖励制度无法起到有效的激励作用，奖励水平过低，要求过于苛刻。例如中关村要求，企业成立满3年；研发投入要占营业收入的3%，研发人员要占总人数的10%；激励对象仅限于与本企业签订劳动合同的重要技术人员和经营管理人员。对大部分初创期企业生存期不超过3年、无法放弃原身份与企业签订合同的发明人来说条件十分苛刻。

4. 科学家角色与企业家角色混淆，没能有效发挥不同主体的优势

科学家擅长产业创新链条的上游，也就是基础性、前瞻性研发；企业家擅长推动整个产业链的发展，实现项目产业化。当前制度体系下，装备制造产业创新涉及的两大类主体没能有效发挥各自的优势。公立机构科研人员保障过低，特别是对青年科研人员来说，浮躁情绪较浓，致力于先进技术研发的真正的科研人员较少。而企业则面临着体制、资金等种种制约，在前文已有详述，此处不再赘述。

第六节　本章小结

本章选用因子分析法对我国装备制造业技术创新能力进行了实证分析。首先构建了我国装备制造业技术创新能力评估指标体系。该指标体系共分为四个二级层次，分别为创新经费投入、创新人力投入、企业参与产业技术创新的能力、技术获取和应用。

从重点行业的创新能力实证分析结果来看。以资金投入为主的投入类因子，体现企业创新组织机构建设、人员配备、产学研合作等要素条件的支撑性因子，技术引进因子以及人力资源因子是四大类公共因子。其中，投入类因子解释了 56.030% 的差异，远远大于其他三类公共因子。近 6 年来重点行业技术创新能力由高到低依次是航空航天器设备制造业、电子及通信设备制造业、计算机及办公设备制造业、医疗仪器设备制造业、仪器仪表制造业。整体来看，2013 年之后，除电子及通信设备制造业保持相对稳定外，其他重点行业技术创新能力整体出现明显下滑。不同行业技术创新能力在四类公共因子上的表现差异很大。

通过实证分析结果，得出四点重要启示。一是企业对于装备制造业创新能力具有决定性意义，实现企业在创新网络中的核心地位是提升装备制造业产业创新能力的优先着力点。二是资金类投入是我国装备制造业技术创新能力的基本保障，资金脱实向虚是装备制造业产业创新能力提升的巨大挑战。三是技术获取以技术引进为主，多渠道、高质量获取技术是未来提升我国装备制造业技术创新能力的有效支撑。四是人才是提升装备制造业技创新能力的核心因素，激发人在装备制造业产业创新中的活力具有重要的现实意义。在分析过程中，结合产业发展实际，给出实际情况的总结和面临的相应的问题分析。

第五章

基于改进的 DEA 模型的创新效率实证分析

　　本章基于改进的数据包络模型对我国装备制造业重点行业的技术创新效率进行实证分析，进行时间轴上的行业间纵向比较，以深度评价我国装备制造业技术创新过程的优劣，并对其中的内涵进行分析。

第一节　DEA 方法的理论基础

一　产业技术创新效率的内涵

　　基于产业创新系统动态变化的过程性特征，创新效率衡量了变化过程的优劣。Afriat（1972）最早提出技术创新效率的概念，以评价研发创新活动中的技术效率来衡量技术创新水平。这里，技术效率可以从投入和产出两个角度来衡量，在投入既定的情况下，技术效率由产出最大化的程度来衡量；在产出既定的情况下，技术效率由投入最小化的程度来衡量。技术效率通常与生产可能性边界联系在一起，来衡量一定的投入条件下，产出距离生产可能性边界的距离。距离越小，意味着效率越高；距离越大，意味着效率越低。本章使用的 DEA 方法就是测量技术效率的一种方法。

二 DEA 方法的基本内涵和优点

(一) DEA 方法的内涵

DEA (Data Envelopment Analysis) 也就是数据包络分析方法，是一种非参数技术效率分析方法，由运筹学家 Charnes、Cooper 和 Rhodes 于 1978 年首次提出。自 DEA 方法诞生以来，DEA 理论与方法发展迅速，应用范围不断扩展，应用数量持续增长。该研究方法是以相对效率为基础，由运筹学、管理学和数学等学科相互交叉发展所形成的研究领域。利用数学规划模型，对多个输入、多个输出单位间的相对有效性进行评价。这些单位也就是 DEA 分析中的决策单元 (Decision Making Units, DMU)。基于相同的目标和任务、相同的外部环境，同一项经济活动中，每一组投入产出构成一个 DMU，众多 DMU 构成一个被评价集合。对各决策单元判断其是否有效，本质上是判断决策单元是否位于"生产前沿面"上。因此，DEA 分析结果最有价值的信息是各决策单元之间的相对关系。

(二) DEA 方法的突出优点

DEA 模型建立在非参数的基础上，无须事先设定生产函数的具体形式。在确定反映各项投入和产出之间相对重要程度的权重系数时，通常有两种方式：一种是通过专家咨询等方式采用固定的权重；另一种是基于对数据本身的计算，得出投入和产出权重。DEA 方法就是采用后一种方式，这样就避免了主观设定生产函数可能造成的偏差，能够最大限度地降低主观因素影响、简化运算、减少误差。此外，DEA 方法能够有效处理大量数据，在多投入多产出的情况下保持相对有效。鉴于 DEA 方法的突出优点，这一方法已经广泛应用于技术创新效率、成本收益分析、金融投资、资源配置、系统工程管理等各个领域。

(三) DEA 方法在我国产业技术创新效率评估中的应用实践

在我国，自魏权龄（2004）系统地介绍 DEA 方法之后，由于其简洁、有效、直接的优势，得到国内学者的青睐，在技术创新效率评估中得到了广泛应用。不同学者根据分析的目的和对象不同，对 DEA 方法进行了不同形式的优化和改进。

一些研究重点放在地区间效率差异分析上，池仁勇等（2004）对我国 30 个省级行政单位测量了技术创新效率，发现总体技术创新效率呈现东高西低的特征。李婧等（2008）同样也对我国省级行政单位间的创新效率进行了测评，但得出的结论有所不同，他们发现 1998 ~ 2005 年，我国区域创新效率总体呈现增长趋势，2000 年后东部地区创新效率显著低于中部、西部地区，这主要是东部地区纯技术效率较低造成的。孙凯、李煜华（2007）的分析结论表明我国大多数省级行政单位，对创新投入的利用效率非常低，各地区应因地制宜，制定技术创新政策。

一些研究重点放在产业整体技术创新效率的变化上，官建成、陈凯华（2009）综合运用数据包络分析的松弛测度模型和临界效率测度模型，对我国高技术产业技术创新效率进行了测量。结果表明，我国高技术产业纯技术效率逐年提高，但规模效率却在降低。余泳泽（2009）基于价值链的角度，将技术创新过程分为技术开发和技术成果转化两个阶段，利用松弛变量的 DEA 模型对两个阶段的技术创新效率进行了实证研究。研究发现，两个阶段的技术创新效率都比较低，并且有不断恶化的趋势，造成这种效率低下的原因主要在于纯技术无效率。

总体来看，已有研究多集中于 2010 年之前，对近 6 年来产业创新效率的研究较少，围绕装备制造业的技术创新效率分析更是鲜见。且大多数效率评估是就效率论效率，没有与能力评价结合起来。

三 DEA 分析方法的基础模型

CCR 模型和 BCC 模型是 DEA 方法的两个基础模型，每一个基础模型又可以分为投入导向和产出导向。不论是投入导向还是产出导向，得到的最终技术效率结果是一致的，其主要区别在于在模型构建过程中对偶模型得出的前提条件不同。

（一）CCR 模型的基本原理

CCR 模型，即规模收益不变模型，其得出的技术效率是综合技术效率，其中包含了规模效率的因素。

设有 DMU 的数量为 n，每个 DMU 的输入都有 m 种类型，输出都有 s 种类型。

$$X = \begin{bmatrix} v_1 \\ v_2 \\ \vdots \\ v_i \\ \vdots \\ v_m \end{bmatrix} = \begin{bmatrix} x_{11} & x_{12} & \cdots & x_{1j} & \cdots & x_{1n} \\ x_{21} & x_{22} & \cdots & x_{2j} & \cdots & x_{2n} \\ \vdots & \vdots & & \vdots & & \vdots \\ x_{i1} & x_{i2} & \cdots & x_{ij} & \cdots & x_{in} \\ \vdots & \vdots & & \vdots & & \vdots \\ x_{m1} & x_{m2} & \cdots & x_{mj} & \cdots & x_{mn} \end{bmatrix} \qquad (5-1)$$

$$Y = \begin{bmatrix} u_1 \\ u_2 \\ \vdots \\ u_r \\ \vdots \\ u_s \end{bmatrix} = \begin{bmatrix} y_{11} & y_{12} & \cdots & y_{1j} & \cdots & y_{1n} \\ y_{21} & y_{22} & \cdots & y_{2j} & \cdots & y_{2n} \\ \vdots & \vdots & & \vdots & & \vdots \\ y_{r1} & y_{r2} & \cdots & y_{rj} & \cdots & y_{rn} \\ \vdots & \vdots & & \vdots & & \vdots \\ y_{s1} & y_{s2} & \cdots & y_{sj} & \cdots & y_{sn} \end{bmatrix} \qquad (5-2)$$

每个决策单元 $j(j = 1,2,\cdots,n)$ 对应一个输入向量 $X_j = (x_{1j}, x_{2j}, \cdots, x_{mj})^{\mathrm{T}}$ 和一个输出向量 $Y_j = (y_{1j}, y_{2j}, \cdots, y_{sj})^{\mathrm{T}}$。对第 j_0 个决策单元 DMU_{j_0} 来说，投入导向的 DEA 模型为：

$$\min\{\theta\}$$
$$\mathrm{s.\,t.} \sum_{j=1}^{n} X_j \lambda_j \leqslant \theta X_{j_0} \qquad (5-3)$$
$$\sum_{j=1}^{n} Y_j \lambda_j \geqslant Y_{j_0}$$
$$\lambda_j \geqslant 0, \theta \text{ 自由}$$

对公式（5-1）引入松弛变量 S^- 和 S^+，化为：

$$\min\{\theta\}$$

$$\text{s. t.} \sum_{j=1}^{n} X_j \lambda_j + S^- = \theta X_{j_0} \tag{5-4}$$

$$\sum_{j=1}^{n} Y_j \lambda_j - S^+ = Y_{j_0}$$

$$\lambda_j \geq 0, S^- \geq 0, S^+ \geq 0, \theta \text{ 自由}$$

公式（5-4）中 X_{j_0} 表示第 j_0 个 DMU 输入向量，Y_{j_0} 表示第 j_0 个 DMU 输出向量，θ 表示投入缩小比率，λ 表示决策单元线性组合的系数。以下带 $*$ 字母表示最优解。

若 $\theta^* = 1, S^{-*} = S^{+*} = 0$，则称单元为 DEA 有效；若 $\theta^* = 1, S^{-*}$、S^{+*} 存在非零值，则称 j_0 单元为 DEA 弱有效；若 $\theta^* < 1$，则称 j_0 单元为 DEA 无效。

对第 j_0 个决策单元 DMU_{j_0} 来说，产出导向的 DEA 模型为：

$$\max\{\alpha\}$$

$$\text{s. t.} \sum_{j=1}^{n} X_j \lambda_j \leq X_{j_0}, \sum_{j=1}^{n} Y_j \lambda_j \geq \alpha Y_{j_0} \tag{5-5}$$

$$\lambda_j \geq 0, \alpha \text{ 自由}$$

对公式（5-2）引入松弛变量 S^- 和 S^+，化为：

$$\max\{\alpha\}$$

$$\text{s. t.} \sum_{j=1}^{n} X_j \lambda_j + S^- = X_{j_0}, \sum_{j=1}^{n} Y_j \lambda_j - S^+ = \alpha Y_{j_0} \tag{5-6}$$

$$\lambda_j \geq 0, S^- \geq 0, S^+ \geq 0, \alpha \text{ 自由}$$

其中 α 表示扩大比率。

若 $\alpha^* = 1, S^{-*} = S^{+*} = 0$，则称单元为 DEA 有效；若 $\alpha^* = 1, S^{-*}$、S^{+*} 存在非零值，则称 j_0 单元为 DEA 弱有效；若 $\alpha^* > 1$，则称 j_0 单元为 DEA 无效。

投入和产出的 CCR 模型评价结果一致，即 $\theta^* = 1/\alpha^*$。

（二）BCC 模型的基本原理

BCC 模型基于规模收益可变模型。1984 年，Banker、Charnes 和

Cooper 等提出了基于规模收益可变的模型，在此模型中得到的效率为纯技术效率（Pure Technical Effciency，PTE）。其基础模型如下：

$$\min\{\theta\}$$

$$\text{s. t.} \sum_{j=1}^{n} X_j \lambda_j \leqslant \theta X_{j_0}$$

$$\sum_{j=1}^{n} Y_j \lambda_j \geqslant Y_{j_0}$$

$$\sum_{j=1}^{n} \lambda_j = 1 \tag{5-7}$$

$$\lambda_j \geqslant 0, \theta \text{ 自由}$$

$$\max\{\alpha\}$$

$$\text{s. t.} \sum_{j=1}^{n} X_j \lambda_j \leqslant X_{j_0}$$

$$\sum_{j=1}^{n} Y_j \lambda_j \geqslant \alpha Y_{j_0}$$

$$\sum_{j=1}^{n} \lambda_j = 1 \tag{5-8}$$

$$\lambda_j \geqslant 0, \alpha \text{ 自由}$$

如果关于输入和输出 CCR 模型 DEA 有效，则该决策单元一定关于输入和输出 BBC 模型 DEA 有效。在 BBC 模型中，若 $\theta^* = 1$，则 $\alpha^* = 1$；但若 $\theta^* < 1$，则很可能 $\alpha^* \neq 1/\theta^*$，即 j_0 单元的投入效率和产出效率通常不相等。

第二节　基于改进的 DEA 模型进行分行业技术创新效率分析

一　分行业技术创新投入产出指标体系

DEA 模型中对 DMU 个数与指标数量的关系有严格的要求，指标选择要尽量精简，才能最大限度地提高分析的准确性。分行业数据共有 5 个实际决策单元，尽可能减少投入产出指标数量能够提高分析的有效性。本书对分行业技术创新效率分析建立的投入产出指标见表 5-1。

表 5 - 1　投入产出指标体系

类　型	指　标	编　号	单　位	内　涵
投　入	R&D 经费支出	X_1	万元	资金投入
	开发新产品经费支出	X_2	万元	资金投入
	R&D 人员折合全时当量	X_3	人年	人力资本投入
产　出	发明专利申请数	Y_1	项	原始创新成果
	新产品销售收入	Y_2	万元	市场转化成果

此处选用最具有代表性的投入指标为 R&D 经费支出、开发新产品经费、R&D 人员折合全时当量。其中，R&D 经费支出（用 X_1 表示）包括 R&D 内部经费支出与 R&D 外部经费支出，代表了整个行业的研发资金投入水平。开发新产品经费支出（用 X_2 表示）代表了整个行业投入新产品开发中的资金，产业技术创新链条只有完成了从知识到产品的转化才算真正完成了整个创新过程。因此，此处将应用于新产品开发的经费作为关键性投入指标。R&D 人员折合全时当量（用 X_3 表示）代表了人力资源的投入水平，人是技术创新的实际实施者，因此构成技术创新链条中最为关键的投入要素。

产出指标中，选择发明专利申请数、新产品销售收入作为关键性产出指标。专利体现的是原始创新成果，代表了投入的知识产出。相关指标包括专利申请数、发明专利申请数、有效发明专利数。专利的申请情况是新知识的集中体现，有效发明专利体现的是存量专利拥有情况，因此应将申请类指标作为产出指标。我国专利法规定可以获得专利保护的发明创造有发明、实用新型和外观设计三种，其中发明专利是最主要的一种，也是最具有含金量的指标。因此，此处选用发明专利申请数（用 Y_1 表示）作为核心创新产出指标之一。另一个关键性产出指标——新产品销售收入（用 Y_2 表示），衡量了技术创新最终转化成果即新产品的销售情况，也就是市场的接受度，是技术创新成果的最终产出情况。

二　改进的 DEA 方法内涵及优势

（一）本书选用改进的 DEA 模型的原因

本书选取航空航天器设备制造业、电子及通信设备制造业、计算机及办公设备制造业、医疗仪器设备制造业、仪器仪表制造业五个重点行业，投入指标共有三个，产出指标共有两个。由于决策单元的数量较少，本节采用改进的 DEA 模型进行分行业的技术创新效率分析。

若有效决策单元数量较少，利用传统的 DEA 模型，很可能会同时出现多个有效决策单元，对各决策单元之间的技术效率差异无法进行有效区分。以 2016 年的数据为例，使用传统 DEA 方法，结果见表 5-2。可以看到，使用传统的 CCR 方法，综合效率值为 1 的行业有三个，不同行业之间的综合技术效率值的差别非常小，效率分析也就失去了意义。

表 5-2 2016 年重点行业 CCR 分析结果

行　　业	综合技术效率	纯技术效率	规模效率	规模报酬
航空航天器设备制造业	0.555923	0.596951	0.931271	I
电子及通信设备制造业	1	1	1	C
计算机及办公设备制造业	1	1	1	C
医疗仪器设备制造业	1	1	1	C
仪器仪表制造业	0.869779	0.876837	0.991951	I

注：I 是 Increasing 的缩写，指规模报酬递增；C 是 Constant 的缩写，指规模报酬不变。

在改进的 DEA 模型中，添加了最优决策单元和最劣决策单元两个虚拟决策单元。最优决策单元在效率分析中处于最佳效率水平，其总体效率值始终为 1；最劣决策单元处于最差效率水平。这样一来，除最优决策单元和最劣决策单元之外的实际决策单元效率值都是不同的，就能够更加精确地区分不同决策单元之间的效率差异。

（二）改进的 DEA 方法模型构建

假设原有 n 个实际决策单元，首先构造最优决策单元 DMU_{n+1}，最劣决策单元 DMU_{n+2}。DMU_{n+1} 的输入、输出变量为：

$$X_{n+1} = (x_{1,n+1}, x_{2,n+1}, \cdots x_{i,n+1}, \cdots, x_{m,n+1})^{\mathrm{T}}$$
$$Y_{n+1} = (y_{1,n+1}, y_{2,n+1}, \cdots y_{r,n+1}, \cdots, y_{s,n+1})^{\mathrm{T}} \tag{5-9}$$

DMU_{n+2} 的输入、输出变量表示为：

$$X_{n+2} = (x_{1,n+2}, x_{2,n+2}, \cdots x_{i,n+2}, \cdots, x_{m,n+2})^{\mathrm{T}}$$

$$Y_{n+2} = (y_{1,n+2}, y_{2,n+2}, \cdots y_{r,n+2}, \cdots, y_{s,n+2})^{\mathrm{T}} \qquad (5-10)$$

其中，公式（5-9）中输入和输出指标分别取所有实际 DMU 相应指标值的最小值和最大值，公式（5-10）中输入和输出指标分别取所有实际 DMU 相应指标值的最大值和最小值。

以最优决策单元 DMU_{n+1} 的效率评价值 h_{n+1} 为目标函数，以 $n+2$ 个决策单元（包含两个虚拟决策单元）的效率评价值为约束，建立 DEA 模型：

$$\begin{cases} \max \mu^{\mathrm{T}} Y_{n+1} \\ W^{\mathrm{T}} X_j - \mu^{\mathrm{T}} Y_j \geqslant 0, j = 1, 2, \cdots, n+2 \\ W^{\mathrm{T}} X_{n+1} = 1, W \geqslant 0, \mu \geqslant 0 \end{cases} \qquad (5-11)$$

最优决策单元 DMU_{n+1} 始终是 DEA 有效的，因此 $h_{n+1}^* \equiv 1$。由 $h_{n+1}^* \equiv 1$ 可知，最优决策单元 DMU_{n+1} 满足：

$$W^{\mathrm{T}} X_{n+1} - \mu^{\mathrm{T}} Y_{n+1} = 0 \qquad (5-12)$$

模型（5-11）中最优解 W^*、μ^* 有无穷多组。这就需要进行筛选，找出对 $n+2$ 个决策单元来说都"合理"的公共解。为此，以 DMU_{n+2} 的效率评价值最小为目标，并且添加公式（5-12）的约束，建立如下模型：

$$\begin{cases} \min \mu^{\mathrm{T}} Y_{n+2} \\ W^{\mathrm{T}} X_j - \mu^{\mathrm{T}} Y_j \geqslant 0, j = 1, 2, \cdots, n+2 \\ W^{\mathrm{T}} X_{n+2} = 1 \\ W^{\mathrm{T}} X_{n+1} - \mu^{\mathrm{T}} Y_{n+1} = 0 \\ W \geqslant 0, \mu \geqslant 0 \end{cases} \qquad (5-13)$$

在得到最优解的基础上，利用公式（5-14）求出各个 DMU 的效率评价值：

$$h_j = \frac{u\, y_j^{\mathrm{T}}}{v\, x_j^{\mathrm{T}}} = \frac{\sum\limits_{k=1}^{s} u_k\, y_{kj}}{\sum\limits_{i=1}^{m} v_i\, x_{ij}}, j = 1, 2, \cdots, n \tag{5-14}$$

三 基于改进的 DEA 模型对重点行业的实证分析

本节数据来自 2012～2017 年的《中国高技术产业统计年鉴》，分别对应 2011～2016 年的航空航天器设备制造业、电子及通信设备制造业、计算机及办公设备制造业、医疗仪器设备制造业、仪器仪表制造业分年度数据，基于改进的 DEA 模型进行效率分析，并进行各年度间的综合比较。

考虑到技术创新活动具有时滞性，即从投入到产出的延迟时间通常为 1 年，衡量技术创新投入的指标选用 2011～2015 年的数据。相应的，衡量技术创新产出指标选用 2012～2016 年的数据。也就是说 2012 年的投入产出数据中，投入指标数据采用的是 2011 年的 R&D 经费支出、开发新产品经费、R&D 人员折合全时当量的数据，产出指标数据采用的是 2012 年的发明专利申请数、新产品销售收入数据。其他年度各行业的投入产出数据依此类推。5 年间包括两个虚拟决策单元在内的投入产出原始数据见表 5-3。

表 5-3　2012～2016 年分行业投入产出年份

年份	行 业	X_1（万元）	X_2（万元）	X_3（人年）	Y_1（项）	Y_2（万元）
2012	H_1	1691238	1481883	32329	1789	6391332
	H_2	8223857	10253240	272062	42458	136954427
	H_3	1614325	2203755	49248	7345	67173270
	H_4	311656	379859	11115	1534	2504121
	H_5	1072737	1259944	52953	4694	13401222
	DMU_{n+1}	8223857	10253240	272062	1534	2504121
	DMU_{n+2}	311656	379859	11115	42458	136954427

续表

年份	行　业	X_1（万元）	X_2（万元）	X_3（人年）	Y_1（项）	Y_2（万元）
2013	H_1	2037694	16744!7	43071	2131	7566092
	H_2	9985828	12061842	340679	45001	193907207
	H_3	1717810	2405466	62783	8404	57374228
	H_4	386750	491805	13521	2310	3014633
	H_5	1250755	1566070	56508	5738	14372266
	DMU_{n+1}	9985828	12061842	340679	2131	3014633
	DMU_{n+2}	386750	491805	13521	45001	193907207
2014	H_1	1976599	1856287	47875	3092	11185051
	H_2	12263266	14414560	356885	53505	223221172
	H_3	1505166	2041757	59940	8165	57159199
	H_4	502442	610727	16065	2612	3398094
	H_5	1507333	1711210	66257	7626	16959886
	DMU_{n+1}	12263266	14414560	356885	2612	3398094
	DMU_{n+2}	502442	610727	16065	53505	223221172
2015	H_1	2163448	2026148	41043	3572	13801343
	H_2	13781136	16853109	380683	56951	267002580
	H_3	1650704	2054648	60181	7663	54940528
	H_4	491604	678544	16044	2811	3799666
	H_5	1689570	1974229	69588	6324	17992917
	DMU_{n+1}	13781136	16853109	380683	2811	3799666
	DMU_{n+2}	491604	678544	16044	56951	267002580
2016	H_1	2320806	1772021	45832	3880	15336596
	H_2	16393619	19138167	402513	68143	318206468
	H_3	1769716	1944643	57035	8056	54641230
	H_4	684866	816196	19172	3106	4628268
	H_5	1831963	1951042	64349	7030	20386078
	DMU_{n+1}	16393619	19138167	402513	3106	4628268
	DMU_{n+2}	684866	816196	19172	68143	318206468

资料来源：2012～2017 年的《中国高技术产业统计年鉴》，对应 2011～2016 年数据。

　　基于改进的 DEA 模型得出的效率分析结果见表 5 - 4。表 5 - 4 不包括最优和最劣虚拟决策单元。

表 5 - 4　基于改进的 DEA 模型 2012～2016 年分行业创新效率分析结果

年份	行业	综合技术效率	纯技术效率	规模效率	规模报酬
2012	H_1	0.016045	0.343809	0.046668	I
	H_2	0.040855	0.040855	1	C
	H_3	0.110698	0.225694	0.490479	I
	H_4	0.036130	1	0.036130	I
	H_5	0.033331	0.301489	0.110556	I
2013	H_1	0.014866	0.313924	0.047355	I
	H_2	0.040774	0.040774	1	C
	H_3	0.066616	0.225141	0.295885	I
	H_4	0.051332	1	0.051332	I
	H_5	0.040042	0.314038	0.127508	I
2014	H_1	0.019392	0.335561	0.057789	I
	H_2	0.045015	0.045015	1	C
	H_3	0.085478	0.333812	0.256065	I
	H_4	0.048818	1	0.048818	I
	H_5	0.050868	0.356898	0.142529	I
2015	H_1	0.024518	0.390907	0.062721	I
	H_2	0.042145	0.042145	1	C
	H_3	0.067954	0.330248	0.205768	I
	H_4	0.049358	1	0.049358	I
	H_5	0.038166	0.343701	0.111043	I
2016	H_1	0.026226	0.460602	0.056939	I
	H_2	0.047631	0.047631	1	C
	H_3	0.072072	0.419715	0.171716	I
	H_4	0.045581	1	0.045581	I
	H_5	0.043158	0.418339	0.103165	I

注：I 是 Increasing 的缩写，指规模报酬递增；C 是 Constant 的缩写，指规模报酬不变。

第三节　实证结果分析

一　效率结果分析

（一）综合技术效率

综合技术效率是对决策单元的资源配置、资源使用效率等多方面能力的综合衡量与评价。一般认为，综合技术效率可以分解为纯技术效率和规模效率的乘积，即综合技术效率 = 纯技术效率 × 规模效率。综合技术效率值在 0 ~ 1 之间。当综合技术创新效率值为 1 时，表示该决策单元的投入产出是综合有效的，即纯技术效率和规模效率是同时有效的。当综合技术效率值小于 1 时，表示该决策单元的投入产出整体是无效的，但无效的主要原因需要进一步从纯技术效率和规模效率来分析。2012 ~ 2016 年我国装备制造业重点行业创新的综合技术效率参见表 5 - 5。其中，鉴于 DEA 方法测度的效率为相对效率，因此对效率结果分析的重点在于各行业间、各年度间相对水平的变化，以及与前沿水平之间的差距，而不在于数据本身。

表 5 - 5　2012 ~ 2016 年各行业创新综合技术效率

年份	航空航天器设备制造业		电子及通信设备制造业		计算机及办公设备制造业		医疗仪器设备制造业		仪器仪表制造业	
	得分	排名	得分	排名	得分	排名	得分	排名	得分	排名
2012	0.0160	5	0.0409	2	0.1107	1	0.0361	3	0.0333	4
2013	0.0149	5	0.0408	3	0.0666	1	0.0513	2	0.0400	4
2014	0.0194	5	0.0450	3	0.0855	1	0.0488	2	0.0509	4
2015	0.0245	5	0.0421	3	0.0680	1	0.0494	2	0.0382	4
2016	0.0262	5	0.0476	3	0.0721	1	0.0456	2	0.0432	4
平均	—	5	—	2.8	—	1	—	2.2	—	4

注：平均是指将各行业的排名作为得分进行平均，平均值越高代表排名越靠后，平均值越低代表排名越靠前。

2012 ~ 2016 年，五个行业创新的综合技术效率距离前沿水平的差距很大。其中，效率最高的行业为计算机及办公设备制造业，该行业历年来的综合技术效率最高值出现在 2012 年，为 0.1107，距离虚拟最优决策单元的效率水平 1 还有很大差距。总体来看，我国装备制造业的技术创新综合效率偏低。

关于五个行业创新综合技术效率相对排名，按照 5 年的平均水平来看，综合技术效率排名由前到后排列依次是计算机及办公设备制造业、医疗仪器设备制造业、电子及通信设备制造业、仪器仪表制造业、航空航天器设备制造业。

（二）纯技术效率

纯技术效率反映的是决策单元在投入要素为最优规模时的生产效率，纯技术效率是由企业或行业自身的管理和技术应用能力决定的。纯技术效率等于 1，表示在目前的技术水平上，企业或产业投入资源的使用是有效率的。若决策单元的综合技术效率无效，则其根本原因在于规模无效，因此提升技术综合效率的重点在于如何更好地发挥其规模效益。当纯技术效率小于 1 时，表示该决策单元纯技术效率无效。

2012～2016 年我国装备制造业重点行业技术创新的纯技术效率见表 5-6。按照 5 年来的平均水平来看，五个行业的纯技术效率排名由前到后排列依次是医疗仪器设备制造业、航空航天器设备制造业、仪器仪表制造业、计算机及办公设备制造业、电子及通信设备制造业。

表 5-6 2012～2016 年各行业技术创新纯技术效率

年份	航空航天器设备制造业		电子及通信设备制造业		计算机及办公设备制造业		医疗仪器设备制造业		仪器仪表制造业	
	得分	排名	得分	排名	得分	排名	得分	排名	得分	排名
2012	0.3438	2	0.0409	5	0.2257	4	1	1	0.3015	3
2013	0.3139	3	0.0408	5	0.2251	4	1	1	0.314	2
2014	0.3356	3	0.045	5	0.3338	4	1	1	0.3569	2
2015	0.3909	2	0.0421	5	0.3302	4	1	1	0.3437	3
2016	0.4606	2	0.0476	5	0.4197	3	1	1	0.4183	4
平均	—	2.4	—	5	—	3.8	—	1	—	2.8

注：平均是指将各行业的排名作为得分进行平均，平均值越高代表排名越靠后，平均值越低代表排名越靠前。

（三）规模效率

规模效率是由企业规模因素影响的技术效率，反映的是实际规模与最优生产规模的差距。当规模效率为 1 时，表明规模效率最佳，在该状态下扩大生产规模或缩小生产规模都会导致创新效率的降低。当规模效率小于 1 时，表明现有生产规模存在优化的空间。2012～2016 年我国装备制造业重点行业技术创新的规模效率见表 5－7。

表 5－7　2012～2016 年各行业技术创新规模效率

年份	航空航天器设备制造业		电子及通信设备制造业		计算机及办公设备制造业		医疗仪器设备制造业		仪器仪表制造业	
	得分	排名	得分	排名	得分	排名	得分	排名	得分	排名
2012	0.0467	4	1	1	0.4905	2	0.0361	5	0.1106	3
2013	0.0474	5	1	1	0.2959	2	0.0513	4	0.1275	3
2014	0.0578	4	1	1	0.2561	2	0.0488	5	0.1425	3
2015	0.0627	4	1	1	0.2058	2	0.0494	5	0.111	3
2016	0.0569	4	1	1	0.1717	2	0.0456	5	0.1032	3
平均	—	4.2	—	1	—	2	—	4.8	—	3

注：平均是指将各行业的排名作为得分进行平均，平均值越高代表排名越靠后，平均值越低代表排名越靠前。

进一步结合各个行业的规模报酬情况进行分析。规模报酬是一个长期概念，指的是在长期，可以变动生产规模使产量相对于要素投入的比例发生变化。规模报酬有递增、不变、递减三种情况：如果产量增加的比例大于生产要素增加的比例，则生产处于规模报酬递增阶段；如果产量增加的比例等于生产要素增加的比例，则生产处于规模报酬不变阶段；如果产量增加的比例小于生产要素增加的比例，则生产处于规模报酬递减阶段。2012～2016 年我国装备制造业重点行业技术创新的规模报酬情况见表 5－8。

表 5－8　2012～2016 年各行业规模报酬变化情况

年份	航空航天器设备制造业	电子及通信设备制造业	计算机及办公设备制造业	医疗仪器设备制造业	仪器仪表制造业
2012	I	C	I	I	I
2013	I	C	I	I	I
2014	I	C	I	I	I
2015	I	C	I	I	I
2016	I	C	I	I	I

注：I 是 Increasing 的缩写，指规模报酬递增；C 是 Constant 的缩写，指规模报酬不变。

按照近5年来平均水平看，五个行业的规模效率排名由高到低依次是电子及通信设备制造业、计算机及办公设备制造业、仪器仪表业、航空航天器设备制造业、医疗仪器设备制造业。且五个行业中只有电子及通信设备制造业为规模报酬不变，其他行业均为规模报酬递增，意味着在原有投入的基础上，适当增加创新投入，创新产出将有更大比例的增加。

总体上处于规模报酬递增状态的特征，说明我国装备制造业重点行业的投入处于不足状态，提高投入还能够进一步提高产出，也意味着规模效率无效单元提升其规模效率应该增加投入，使生产规模扩大。

（四）小结

综合三种效率的分析结果来看（见表5-9），航空航天器设备制造业创新的综合技术效率最低，其纯技术效率排名较为靠前，规模效率排名靠后，提升该行业创新的综合技术效率，可以重点从提升其生产规模入手。

表5-9　分行业三种效率排名

行　　业	综合技术效率	纯技术效率	规模效率
H_1	5	2	4
H_2	3	5	1
H_3	1	4	2
H_4	2	1	5
H_5	4	3	3

电子及通信设备制造业创新的综合技术效率排在第3位，其规模效率为排在第1位，且规模报酬不变，说明我国电子及通信设备制造业已处于最优规模水平；但其纯技术效率排在最后，表明提高该行业创新的综合技术效率要从提升纯技术效率入手。

计算机及办公设备制造业技术创新的综合技术效率排在首位，规模效率排名相对较高，但纯技术效率排名靠后，表明该行业通过提升其纯技术创新效率以提升创新的综合技术效率上还有一定空间。

医疗仪器设备制造业创新的综合技术效率排在第 2 位，其纯技术效率排在首位，但规模效率处于最低的排名，表明该行业通过进一步扩大产业规模提升整个行业创新的综合技术效率还有很大空间。

仪器仪表制造业创新的综合技术效率排在第 4 位，表明该行业通过进一步优化生产规模，提升全行业纯技术创新效率以提升全行业创新综合技术效率还有一定的空间。

二　敏感性分析

敏感性分析是通过去掉某个投入或产出指标之后，观察各决策单元效率值的变化，从而辨别哪些指标对效率变化的影响较为关键。决策单元值变化越多的投入或产出指标可以认为其对效率的影响越大。通过这个方法也可以辨别影响不同行业技术创新效率的主要因素。

此处依次去掉 X_1、X_2、X_3、Y_1、Y_2，基于改进的 DEA 模型对五种情况下 2012～2016 年各行业的创新效率进行测算，找出发生改变的要素。例如 2016 年去掉 X_1，则技术创新的投入要素数据为 2015 年的 X_2、X_3，产出要素数据为 2016 年的 Y_1、Y_2，按照本节第三部分的步骤使用改进的 DEA 模型进行技术创新效率测算。其他年度的各行业敏感性分析依此进行。对 2012～2016 年我国装备制造业重点行业创新的综合技术效率敏感性分析结果见表 5－10。

表 5－10　2012～2016 年各行业创新的综合技术效率敏感性分析

年份	行业	原　值	去掉投入或产出指标之后的新值				
			X_1	X_2	X_3	Y_1	Y_2
2012	H_1	0.016045	0.016045	0.016045	0.011963	0.016045	0.014487
	H_2	0.040855	0.040855	0.040855	0.037897	0.040855	0.040855
	H_3	0.110698	0.110698	0.110698	0.094690	0.110698	0.039044
	H_4	0.036130	0.036130	0.036130	0.036130	0.018284	0.036130
	H_5	0.033331	0.033331	0.032119	0.033331	0.029501	0.033331

年份	行业	原　值	去掉投入或产出指标之后的新值				
			X_1	X_2	X_3	Y_1	Y_2
2013	H_1	0.014866	0.014866	0.014866	0.013909	0.012249	0.014866
	H_2	0.040774	0.040774	0.039688	0.040774	0.040774	0.040774
	H_3	0.066616	0.063722	0.066616	0.066616	0.066616	0.042045
	H_4	0.051332	0.051332	0.051332	0.051332	0.015547	0.051332
	H_5	0.040042	0.040042	0.039427	0.040042	0.023276	0.040042
2014	H_1	0.019392	0.019392	0.019392	0.019013	0.016814	0.019392
	H_2	0.045015	0.045015	0.045015	0.042369	0.045015	0.045015
	H_3	0.085478	0.085478	0.085478	0.085478	0.085478	0.050941
	H_4	0.048818	0.048818	0.048818	0.048818	0.015223	0.048818
	H_5	0.050868	0.050868	0.047509	0.050868	0.027116	0.050868
2015	H_1	0.024518	0.024518	0.024518	0.021005	0.020206	0.024518
	H_2	0.042145	0.042145	0.042145	0.040262	0.042145	0.042145
	H_3	0.067954	0.067954	0.061281	0.067954	0.067954	0.044436
	H_4	0.049358	0.049358	0.049358	0.049358	0.014231	0.049358
	H_5	0.038166	0.038166	0.032309	0.038166	0.023161	0.038166
2016	H_1	0.026226	0.026226	0.023818	0.026226	0.02220	0.026226
	H_2	0.047631	0.047631	0.047631	0.042648	0.047631	0.047631
	H_3	0.072072	0.072072	0.066453	0.072072	0.072072	0.049620
	H_4	0.045581	0.045581	0.045581	0.045581	0.014545	0.045581
	H_5	0.043158	0.043158	0.038568	0.043158	0.026801	0.043158

注：添加下划线的数据为发生变化的数据。

近 5 年来的敏感性分析结果见表 5 - 11。各年度重点行业最敏感的指标是产出指标 Y_1，即发明专利申请数，共有 14 个结果值发生变化。发明专利反映了原始创新能力，说明当前原始创新成果对行业技术创新效率有很大影响。

其次敏感的指标是投入指标 X_2，即开发新产品经费支出，共有 9 个结果值发生变化。开发新产品经费体现了创新从研发到产品转化的投入，表明新产品转化投入对最终的技术创新效率具有较为显著的影响。

表 5 - 11 2012 ~ 2016 年敏感性分析结果

年　份	X_1	X_2	X_3	Y_1	Y_2
2012	0	1	3	2	2
2013	0	2	1	3	1
2014	0	1	1	3	1
2015	0	2	2	3	1
2016	0	3	1	3	1
总　计	0	9	8	14	6

第三位敏感的指标是投入指标 X_3，即 R&D 人员折合全时当量，共有 8 个结果值发生变化。该指标衡量了技术创新过程中的人力资源投入，表明人力资源投入对重点行业技术创新效率也具有比较重要的影响。

第四位是产出指标 Y_2，即新产品销售收入，这一指标体现的是技术创新成果最终的实现程度。

各决策单元最不敏感的指标是投入指标 X_1，即 R&D 经费支出。该指标体现的是研发资金投入水平，表明重点行业的创新效率受研发资金投入影响很小，提高我国装备制造业重点行业技术创新效率的重点已经不是简单的资金投入问题，关键因素在于原始创新能力的提升、新产品转化的投入力度以及人员的投入。

以各个行业为维度，近 5 年来各个行业的敏感指标分析结果见表 5 - 12。

表 5 - 12 2012 ~ 2016 年敏感性分析结果

行　业	X_1	X_2	X_3	Y_1	Y_2
H_1	0	1	3	4	1
H_2	0	1	4	0	0
H_3	0	2	1	0	5
H_4	0	0	0	5	0
H_5	0	5	0	5	0

从各行业的敏感性分析结果来看，航空航天器设备制造业最为敏感的指标为 Y_1，即发明专利申请数，说明航空航天器设备制造业创新的综

合技术效率受原始创新能力影响最为显著。其次敏感的指标为 X_3，即 R&D 人员折合全时当量，说明航空航天器设备制造业创新的综合技术效率受研发人力资源投入量的影响也较为显著。

电子及通信设备制造业最为敏感的指标为投入指标 X_3，即 R&D 人员折合全时当量，说明电子及通信设备制造业创新的综合技术效率受研发人力资源投入量的影响最为显著。

计算机及办公设备制造业最为敏感的指标是产出指标 Y_2，即新产品销售收入，这一指标体现的是技术创新成果最终的实现程度。其次敏感的指标是投入指标 X_2，即开发新产品经费支出，这一指标体现了创新从研发到产品转化的投入。这两项指标的分析结果说明计算机及办公设备制造业创新综合技术效率受创新成果转化程度的影响最大。

医疗仪器设备制造业最为敏感，也是唯一的敏感指标为产出指标 Y_1，即发明专利申请数，说明该行业创新综合技术效率受原始创新成果水平的影响最大。

仪器仪表制造业受两个指标的影响最大，分别为投入指标 X_2，即开发新产品经费支出；产出指标 Y_1，即发明专利申请数。说明仪器仪表制造业创新综合技术效率受创新成果转化投入和原始创新成果水平影响较大。

三　二元特征比对分析

不同行业技术创新能力和创新效率评估情况见表 5 – 13。不同行业的二元特征表现是不同的。

表 5 – 13　重点行业技术创新水平综合评估结果

行　　业	技术创新能力	技术创新效率
航空航天器设备制造业	1	5
电子及通信设备制造业	2	3
计算机及办公设备制造业	3	1
医疗仪器设备制造业	4	2
仪器仪表制造业	5	4

资料来源：笔者根据分析结果整理。

航空航天器设备制造业的技术创新效率排名处于最后一位，说明该行业存在技术创新效率低下问题，且近年来没有明显的提升。综合本章中技术创新能力评估和技术创新效率分析结果来看，航空航天器设备制造业技术创新能力远远领先于其他行业，但技术创新综合技术效率却始终处于最后一位，说明提升航空航天器设备制造业的技术创新水平，需要着力于提升其技术创新效率。

电子及通信设备制造业的技术创新能力排在第 2 位，技术创新效率相对靠后，提升该行业的长期创新水平，需要着眼于创新效率的提升。

计算机及办公设备制造业技术创新综合效率相对最高，排名一直处于领先位置，这是推动该行业进行持续产业创新的重要动力。

医疗仪器设备制造业虽然综合技术创新能力排在较为靠后的位置，但综合技术效率处于相对靠前的位置，说明该行业在创新投入产出效率上具有一定优势，产业创新的长期发展是有活力的。提升产业的技术创新水平需要鼓励更多的投入性要素进入该行业中来。

仪器仪表制造业的创新综合技术效率排名处于第 4 位，技术创新能力排在最后一位，这表明仪器仪表制造业整体技术创新水平很低。提升该行业的技术创新水平还有很多的工作需要做。

第四节 内涵分析及启示

一 我国装备制造业整体创新效率偏低

2012～2016 年，五个行业创新的综合技术效率距离前沿水平的差距还很大。其中，效率最高的行业为计算机及办公设备制造业，该行业历年来的综合技术效率最高值出现在 2012 年，为 0.1107，距离虚拟最优决策单元的效率水平 1 还有很大差距。总体来看，我国装备制造业技术创新综合效率偏低。技术创新效率反映了创新过程的优劣，技术创新效率偏低反映了我国装备制造业产业创新过程还有很大的优化空间。

二 原始创新能力是影响行业创新效率的首要因素，提升产业原始创新能力对于提升产业创新效率至关重要

从敏感性分析结果来看，装备制造产业创新最敏感的指标是发明专利数量，共有 14 个结果值发生变化。发明专利反映了原始创新能力，说明当前原始创新能力对行业技术创新效率有很大影响，提升我国装备制造业产业创新效率迫切需要提升产业的原始创新能力。

导致我国装备制造业原始创新水平不足的因素，与第四章中分析的造成技术创新能力不足的原因是有所重叠的，例如企业在创新链中的核心作用没有得到充分发挥等，在这里提出两个新的关键环节。

1. 知识产权保护制度仍然薄弱

创新生存的一个重要条件是知识产权制度的有力保护，知识产权也成为全球贸易关注的焦点。保护知识产权就是对付出努力的企业和个人最大的保护。近年来，我国知识产权制度不断完善，但还没有起到有效保护知识、鼓励研发、推动创新的作用。

整体来看，我国产权保护制度的法治化程度仍然不高。相关法律体系建设仍不健全。伴随着新技术、新产品、新商业模式的不断涌现，现行法律制度对于侵犯知识产权行为的判定滞后。知识产权的司法和执法不严，惩罚力度较低，对于保护知识产权、支持原始创新没有起到有效的支撑作用。

从企业来看，我国装备制造企业的产权保护意识不强，产权专业知识匮乏，企业进行知识产权管理和保护的能力不足。维权行为发生滞后，企业进行知识产权的维权成本很高，如果坚持维权反而可能会对企业的运营造成更为严重的影响。同时，随着我国装备制造业企业越来越融入全球产业链之中，越来越多的企业面临海外维权的问题。我国现行知识产权制度缺少境外维权的影响力，企业获取相关信息的难度也比较大，涉外维权的过程往往是困难重重。

2. 基础创新成果对产业创新的支撑力不足

能够支撑装备制造业产业升级的共性关键技术成果不足。这类技术通常对装备制造业某一行业的发展具有关键性作用，能够对整个行业的发展路径和发展方式产生重大影响。由于其具有高度的正外部性，需要

的资金、人员投入往往较大，且面临的失败风险较大，由企业去承担的难度也较大，这就需要政府承担更多的责任。从现实情况来看，目前政府对装备制造共性技术研发的支持力度不足，支持方式有待优化，导致基础性研发难产，整个产业的创新水平被拉低。

三 传统的研发经费投入模式已经难以提高产业创新效率，经费投入的重点在于新产品转化环节和人力资源的投入

传统的研发经费投入本身已经难以提高产业创新效率。各决策单元最不敏感的指标是 R&D 经费支出。该指标体现的是研发资金投入水平，表明重点行业的创新效率受研发资金投入影响已经很小。去掉开发新产品经费支出，共有 9 个结果值发生变化。开发新产品经费支出体现了创新从研发到产品转化的投入，表明新产品转化投入对最终的技术创新效率具有较为显著的影响。去掉 R&D 人员折合全时当量，共有 8 个结果值发生变化。该指标衡量了技术创新过程中的人力资源投入，表明人力资源投入对重点行业技术创新效率也具有比较重要的影响。总体来看，提高我国装备制造业重点行业技术创新效率的重点已经不是简单的资金投入问题，要抓住关键环节，重点着力、有的放矢。

从 2011～2016 年新产品转化投入力度的情况来看，投入力度在降低。从开发新产品经费占主营业务收入的比重（见表 5－14、图 5－1）来

表 5－14　2011～2016 年重点行业开发新产品经费占主营业务收入的比重

单位：%

年份	航空航天器设备制造业	电子及通信设备制造业	计算机及办公设备制造业	医疗仪器设备制造业	仪器仪表制造业
2011	7.66	2.37	1.04	2.79	2.34
2012	7.19	2.28	1.09	3.07	2.54
2013	6.51	2.38	0.88	3.29	2.44
2014	6.69	2.49	0.87	3.11	2.56
2015	5.19	2.44	1	3.36	2.43
2016	5.02	2.60	1.24	3.25	2.39

资料来源：笔者根据 2012～2017 年的《中国高技术产业统计年鉴》计算所得，对应 2011～2016 年数据。

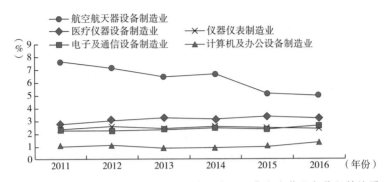

图 5 - 1 2011～2016 年重点行业开发新产品经费占主营业务收入的比重

资料来源：笔者根据 2012～2017 年的《中国高技术产业统计年鉴》计算所得，对应 2011～2016 年数据。

看，航空航天器设备制造业明显下降；医疗仪器设备制造业、仪器仪表制造业均小幅下降；计算机及办公设备制造业、电子及通信设备制造业虽有增长，但幅度很小。人力资源投入情况前文已有论述，此处不再赘述。

第五节 本章小结

本章基于改进的 DEA 模型对 2012～2016 年我国装备制造业重点行业的技术创新效率进行了实证分析，并对实证结果从效率结果、规模报酬结果、敏感性分析三个角度进行了解读，通过敏感性分析找出影响各个行业创新效率的关键要素。

整体来看，我国装备制造业重点行业创新的综合技术效率偏低。产业创新效率最敏感的指标是发明专利申请数，说明原始创新能力是影响行业创新效率的首要因素，提升产业原始创新能力对于提升产业创新效率至关重要。其次敏感的指标是开发新产品经费，表明新产品转化投入对技术创新效率具有较为显著的影响。最不敏感的指标是投入指标 R&D 经费支出，表明重点行业技术创新效率受研发资金投入的影响较小。说明传统的研发经费投入本身已经难以提高产业创新效率，经费投入的重点在于新产品转化环节和人力资源的投入。

　　不同行业在效率分析链条的不同环节体现出不同的特征。以航空航天器设备制造业为例。航空航天器设备制造业创新综合技术效率排名一直处于最后一位，但技术创新能力远远领先于其他行业，说明提升航空航天器设备制造业技术创新水平，需要着力于提升创新效率。其纯技术效率排名较为靠前，规模效率排名靠后且处于规模报酬递增状态，提升该行业创新综合技术效率，可以从重点提升生产规模入手。航空航天器设备制造业创新效率最敏感的因子为发明专利申请数，其次为 R&D 人员折合全时当量，说明该行业创新综合技术效率受原始创新能力和研发人力资源投入量的影响较为显著。

第六章

我国电子及通信设备制造业技术创新水平分地区实证分析

第六章、第七章选择电子及通信设备制造业、医疗仪器设备及仪器仪表制造业进行技术创新水平地区间差异的实证分析。本章首先对2016年我国电子及通信设备制造业技术创新能力进行了分地区评估，并基于黄金分割原则对不同技术创新能力的地区进行聚类分析；其次基于DEA模型进行分地区的技术效率评估，进行具有行业和地区针对性的比较分析。

第一节　分地区研究方法及研究对象

本节对第六章、第七章分地区实证分析中，选择电子及通信设备制造业、医疗仪器设备及仪器仪表制造业作为两个典型行业的原因，及使用的研究方法进行简要说明。

一　研究行业选择

在分地区数据统计中医疗仪器设备制造业、仪器仪表制造业是合并统计的，合并为医疗仪器设备及仪器仪表制造业。因此，此处将医疗仪器设备及仪器仪表制造业作为一个行业。

本书选择电子及通信设备制造业、医疗仪器设备及仪器仪表制造业进行分地区的深度解读，主要是基于以下考虑。

一是电子及通信设备制造业、医疗仪器设备及仪器仪表制造业近年来在我国得到快速发展，同时又处于不同的发展阶段。电子及通信设备制造业势头强劲，相对来讲已经较为成熟，新产品出口已经占到新产品销售收入的40%以上，创新能力强但效率相对较低；而医疗仪器设备及仪器仪表制造业则处于起步阶段，正在进行布局，且新产品以内销为主，创新能力尚薄弱。选择这两个处于不同发展阶段的行业对分析我国装备制造业的整体创新情况具有现实的指导意义。

二是航空航天器设备制造业、计算机及办公设备制造业数据缺项较多，能够保留的指标和省级行政单位都比较少；电子及通信设备制造业、医疗仪器设备及仪器仪表制造业数据则较为完善。

三是航空航天器设备制造业性质较为特殊，在我国市场化程度较低，政府资金参与较多，企业也多是国有性质，其地域发展受行政干预较多，无法代表市场本身的变化。从 R&D 经费内部支出中企业资金占比来看，航空航天器设备制造业政府出资比例远高于其他行业，且近年来有增加的趋势。航空航天器设备制造业国有企业占比也显著高于其他行业，如表 6-1 所示。基于以上考虑，本书不对航空航天器设备制造业进行分地区分析。

表 6-1　2016 年分行业国有企业数量占比

单位：家,%

行　　业	国有企业数量	企业总数	国有企业占比
航空航天器设备制造业	176	425	41.41
电子及通信设备制造业	630	15383	4.10
计算机及办公设备制造业	66	1725	3.83
医疗仪器设备制造业	23	1449	1.59
仪器仪表制造业	233	3820	6.10

资料来源：《中国高技术产业统计年鉴 2017》，对应 2016 年数据。

二　采用数据

本章所有数据均来自《中国高技术产业统计年鉴 2017》，统计数据为 2016 年我国除港澳台地区之外的 31 个省级行政单位的相关数据。①

三 研究方法说明

按照本书对产业技术创新水平内涵的界定，对电子及通信设备制造业、医疗仪器设备及仪器仪表制造业两个典型行业的分地区情况，也分为技术创新能力和技术创新效率进行评估和实证结果内涵分析。

就技术创新能力评估来说，采用因子分析法对两个行业技术创新能力地区间差异进行评估。此外，基于黄金分割法则对因子分析结果进行进一步聚类分析，以找出电子及通信设备制造业、医疗仪器设备及仪器仪表制造业技术创新能力差异的地域特征。黄金分割是一种在艺术、管理、工程设计等多个领域使用的分割方法，是指把一个整体分割为两部分，使其中一部分与整体的比值等于另一部分与这部分的比值，这个比值近似等于 0.618。

就技术创新效率来说，采用 DEA 模型进行效率评估，重点关注不同地区之间的效率差异，配合能力评估结果得出不同行业技术创新水平的地区间差异特点，并提出针对不同行业特征的地域创新建议。

第二节 技术创新能力地区差异实证研究

本节对电子及通信设备制造业进行同一年度内不同省级行政单位之间技术创新能力的差异比较，并进行影响因素的深度分析和挖掘。

---

① 《中国高技术产业统计年鉴 2017》是按照东部、东北地区、中部、西部进行统计的。东部地区是指北京、天津、河北、上海、江苏、浙江、福建、山东、广东和海南 10 省（直辖市）；东北地区是指辽宁、吉林和黑龙江 3 省；中部地区是指山西、安徽、江西、河南、湖北和湖南 6 省；西部地区是指内蒙古、广西、重庆、四川、贵州、云南、西藏、陕西、甘肃、青海、宁夏和新疆 12 省（自治区、直辖市）。

一　近年来我国电子及通信设备制造业的发展特征

(一) 发展体量较大，近 6 年来快速增长

从发展体量上来看，电子及通信设备制造业明显大于其他行业。2011～2016 年的数据显示，电子及通信设备制造业的企业数量（见表 4-3）、资产规模（见表 4-4）、主营业务收入（见表 4-5）、利润总额（表 4-6）、从业人员（见表 4-7）等规模性指标都明显高于其他行业，且在总量规模变化上处于持续增加的状态。说明从发展态势来看，电子及通信设备制造业在装备制造业各行业中发展势头强劲，近年来呈现持续扩张特征。

(二) 产品出口特征明显，受国际市场影响较大

相较其他行业，电子及通信设备制造业新产品出口比例大，受国际市场变动的影响较大。在 2018 年的中美贸易摩擦中，电子及通信设备制造业很可能受到较大冲击。从新产品出口占新产品销售收入的比重来看（见表 6-2、图 6-1），在计算机及办公设备制造业出现明显下降，航空航天器设备制造业、医疗仪器设备制造业和仪器仪表制造业稳中趋降的情况下，电子及通信设备制造业稳中趋升。从绝对值水平上来看，电子及通信设备制造业新产品出口已经占到新产品销售收入的 40% 以上，仅低于计算机及办公设备制造业，其他行业出口占比都明显低于这一水平。

表 6-2　2011～2016 年分行业新产品出口占销售收入的比重

单位：%

年份	航空航天器设备制造业	电子及通信设备制造业	计算机及办公设备制造业	医疗仪器设备制造业	仪器仪表制造业
2011	11.19	40.81	72.94	24.35	14.07
2012	7.38	41.83	75.86	27.26	11.54
2013	5.80	40.73	64.98	21.42	12.63
2014	8.23	44.08	75.82	18.66	11.80
2015	5.23	46.17	65.19	16.20	10.79
2016	8.95	43.45	59.82	17.79	11.21

资料来源：笔者根据 2012～2017 年的《中国高技术产业统计年鉴》计算所得，对应 2011～2016 年数据。

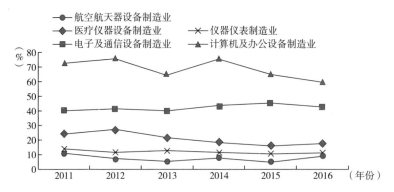

图 6 - 1　2011 ~ 2016 年分行业新产品出口占销售收入的比重

资料来源：笔者根据 2012 ~ 2017 年的《中国高技术产业统计年鉴》计算所得，对应 2011 ~ 2016 年数据。

（三）创新投入总量大，但持续性投入指标不占优

从经费投入情况来看，电子及通信设备制造业 R&D 经费投入总量明显高于其他行业，且近 6 年来明显增长。但经费投入强度仅为 2% 左右，远低于航空航天器设备制造业 6% ~ 9% 的水平。

从人员投入来看，近 6 年来，在其他行业 R&D 人员数量和 R&D 人员折合全时当量明显增长小幅波动，甚至出现下降的情况下，电子及通信设备制造业的 R&D 人员数量和 R&D 人员折合全时当量显著增长，这与行业的蓬勃发展直接相关。但从 R&D 人员占全部从业人员的比例来看，电子及通信设备制造业比例不高，在五个行业中排在第四位。

（四）产业创新能力较强，效率特别是纯技术效率有待提升

电子及通信设备制造业在技术创新能力上排在第 2 位，且近 6 年来能力得分没有发生明显变化，已经趋于平稳（见图 4 - 8）。进入相对成熟期的电子及通信设备制造业提升创新水平的关键在于提升效率。从效率评估结果来看，电子及通信设备制造业处于规模效率水平的前沿，但其纯技术效率排名在最后一位，因此提升电子及通信设备制造业的关键在于提升纯技术效率。

（五）人力资源情况对电子及通信设备制造业技术创新水平影响较大

从创新能力实证分析结果来看，电子及通信设备制造业近 6 年来较高的技术创新能力在很大程度上得益于其在人力资源上的突出表现。在四类公共因子中，人力资源排在首位，其他因子仅排在第 3 或第 4 位。[①]

从创新效率的实证分析结果来看，电子及通信设备制造业创新效率最为敏感的指标为 R&D 人员折合全时当量（见表 5 - 12），说明该行业创新效率受研发人力资源情况的影响最为显著。

二　指标体系修订

电子及通信设备制造业分地区技术创新能力分析所采用的指标体系是基于第四章设计的指标体系基础之上的，根据实际所能获得的数据的完整性，以及多指标的试运行结果，在尽量多的保留原指标体系设计的基础上，适当去掉个别指标，对电子及通信设备制造业分地区情况进行分析。通过数据筛选，在指标选择上，保留指标 $I_1 \sim I_{12}$。

三　电子及通信设备制造业技术创新能力分地区实证分析过程

（一）进行因子分析法适用性检验

对 2016 年我国电子及通信设备制造业的数据进行处理，得到分地区指标原始数据见表 6 - 3。在原有的 31 个省级行政单位的基础上，去掉西藏、宁夏、海南、青海 4 个缺项较多的省（自治区），总计保留 27 个省级行政单位。对于缺项数据按照按列表排除个案的方法进行处理。

[①]　在投入类因子、技术引进因子三个关键性要素上都排在了第 3 位，在支撑性因子上排在了第 4 位。

表 6 - 3　2016 年我国电子及通信设备制造业分地区指标数据

省 份	I_1	I_2	I_3	I_4	I_5	I_6	I_7	I_8	I_9	I_{10}	I_{11}	I_{12}
北 京	2.66	3.12	9037	44.63	1.05	55.69	76.03	0.36	2868.40	60.10	2.00	0.06
天 津	1.71	1.58	6168	42.34	0.59	40.55	79.06	0.18	2594.92	96.92	9.45	0.04
河 北	2.06	1.85	5069	31.95	0.62	35.29	95.72	0.24	593.50	51.00	0.83	0.12
山 西	0.51	0.13	1906	51.28	0.18	35.48	96.69	0.68	464.76	31.67	0.98	—
内蒙古	6.34	6.08	84	53.57	0.20	21.43	100.00	0.14	333.00	30.50	1.53	—
辽 宁	1.80	2.78	1617	42.48	0.35	37.24	96.18	0.26	1743.14	111.95	2.31	0.01
吉 林	1.42	1.62	403	46.60	0.64	44.19	89.39	0.14	705.50	39.83	1.30	—
黑龙江	2.63	1.16	784	42.44	0.82	57.69	55.56	0.27	386.57	37.14	2.57	—
上 海	2.26	3.10	15241	42.36	0.52	39.20	87.00	0.16	9286.21	174.96	2.92	0.04
江 苏	1.21	1.52	63483	30.11	0.45	57.97	96.75	0.74	1035.24	43.38	3.08	0.35
浙 江	4.09	4.60	39729	37.21	0.98	57.62	97.91	0.47	1924.86	63.69	2.68	0.38
安 徽	2.44	3.12	12994	40.40	0.93	47.56	88.9	0.50	1090.14	46.64	2.93	0.20
福 建	2.72	2.58	17615	38.37	0.72	58.48	91.98	0.35	2273.57	92.68	2.17	2.86
江 西	0.95	1.44	5059	34.96	0.38	37.02	95.89	0.24	985.96	59.80	3.82	0.05
山 东	1.60	1.49	15587	43.08	0.54	36.20	93.20	0.27	1859.31	56.61	3.80	0.12
河 南	0.57	0.29	7505	35.38	0.21	27.37	96.42	0.20	1395.56	103.77	1.08	0.02
湖 北	2.83	3.64	10847	45.43	0.69	42.45	75.63	0.19	3143.75	99.37	1.55	0.07
湖 南	1.49	1.47	11147	19.99	0.89	44.98	94.53	0.23	893.84	64.47	2.40	1.37
广 东	3.01	3.71	168151	35.76	0.57	43.75	97.37	0.55	4218.28	106.27	13.08	0.13
广 西	0.22	0.26	475	28.38	0.12	15.89	86.50	0.12	383.69	47.46	2.90	0.09
重 庆	0.96	1.14	3343	35.23	0.45	33.22	94.34	0.27	947.46	36.20	2.20	0.03
四 川	2.29	2.65	13435	42.99	0.78	41.61	91.41	0.24	1559.93	81.46	4.33	0.18
贵 州	0.83	0.81	881	29.77	0.36	24.24	90.22	0.14	943.94	54.33	1.68	0.25
云 南	0.71	0.80	107	41.15	0.19	33.33	84.11	0.22	731.17	25.83	8.02	0.02
陕 西	2.69	2.90	5293	46.13	0.83	51.61	96.28	0.46	952.82	46.93	1.81	0.54
甘 肃	1.68	1.53	594	52.55	0.70	16.67	84.40	0.33	3259.25	179.75	4.32	0.41
新 疆	0.04	0.84	1	60.00	0.02	16.67	100.00	0.33	186.00	13.50	—	3.97

资料来源：笔者根据《中国高技术产业统计年鉴 2017》计算所得，对应 2016 年数据。

　　采用 KMO 样本测度和 Bartlett 球形检验对各变量之间的相关性进行检验，结果如表 6 - 4。经检验 KMO 值为 0.521，大于 0.5；Bartlett 球形检验结果为 0.000，小于 0.01；说明该样本数据适合进行因子分析。

表 6 - 4　KMO 样本测度和 Bartlett 球形检验结果

KMO		0.521
Bartlett 球形检验	卡方	175.810
	df	66
	显著性	0.000

（二）确定公共因子

1. 筛选公共因子

因子分析结果如表 6 - 5，前四个因子的特征根都大于 1，且累计方差贡献率达到 79.975%，说明这四个因子已经保留了近 80% 的信息，可以作为公共因子对我国电子及通信设备制造业地区技术创新能力进行进一步简化评估。

表 6 - 5　说明的方差累计情况

指标	起始特征值			提取的平方和载入		
	总　计	方差的百分比	累计（%）	总　计	方差的百分比	累计（%）
I_1	4.109	34.243	34.243	4.109	34.243	34.243
I_2	2.539	21.159	55.402	2.539	21.159	55.402
I_3	1.839	15.329	70.731	1.839	15.329	70.731
I_4	1.109	9.244	79.975	1.109	9.244	79.975
I_5	0.779	6.494	86.469	—	—	—
I_6	0.575	4.789	91.258	—	—	—
I_7	0.407	3.390	94.649	—	—	—
I_8	0.302	2.517	97.166	—	—	—
I_9	0.182	1.514	98.680	—	—	—
I_{10}	0.089	0.739	99.418	—	—	—
I_{11}	0.050	0.413	99.831	—	—	—
I_{12}	0.020	0.169	100.000	—	—	—

此处采用四次方最大值法，得到旋转后的因子载荷矩阵结果见表 6 - 6。表中系数按照由大到小排列，并且不显示数值小的系数。

表 6-6 四次方最大值法旋转后的因子载荷矩阵

指　　标	因　　子			
	F_1	F_2	F_3	F_4
I_1	0.921	0.230	—	—
I_2	0.879	0.245	0.156	-0.147
I_5	0.871	—	-0.210	-0.112
I_6	0.869	-0.164	—	0.198
I_8	0.624	-0.260	0.455	0.268
I_{10}	—	0.943	—	-0.120
I_9	0.193	0.857	0.178	-0.186
I_3	0.319	0.132	0.842	0.323
I_{11}	—	0.141	0.828	-0.133
I_7	—	-0.178	0.197	0.761
I_4	0.288	0.334	—	-0.711
I_{12}	0.339	0.174	-0.403	0.610

注：在五迭代中收敛循环。表中未出现的数据为特别小的数据，不具有分析价值，为了更清晰地展示各个公共因子特征，此处不显示特别小的系数。

由表 6-6 可知，第一个公共因子 F_1 在 R&D 投入强度（I_1）、开发新产品经费占主营业务收入的比重（I_2）、R&D 人员占从业人员的比重（I_5）、有 R&D 活动企业比例（I_6）、企业平均办研发机构数量（I_8）上有较大载荷。

第二个公共因子 F_2 在企业办研发机构平均人员数（I_{10}）、企业办研发机构平均经费支出（I_9）上有较大载荷。

第三个公共因子 F_3 在 R&D 人员折合全时当量（I_3）、R&D 经费中外部支出占比（I_{11}）上有较大的载荷。

第四个公共因子 F_4 在 R&D 经费内部支出中企业资金占比（I_7）、R&D 人员中研究人员占比（I_4）、技术改造经费占主营业务收入的比重（I_{12}）上有较大载荷。

2. 计算公共因子得分

根据因子得分系数矩阵（见表 6-7），得到四个公共因子的表达式如下：

$$F_1 = 0.237 I_1 + 0.222 I_2 + 0.017 I_3 + 0.085 I_4 + 0.257 I_5 + 0.242 I_6$$
$$- 0.024 I_7 + 0.154 I_8 - 0.012 I_9 - 0.065 I_{10} - 0.062 I_{11} + 0.079 I_{12}$$

$$(6-1)$$

$$F_2 = 0.042 I_1 + 0.035 I_2 + 0.070 I_3 + 0.010 I_4 - 0.070 I_5 - 0.116 I_6$$
$$+ 0.058 I_7 - 0.170 I_8 + 0.438 I_9 + 0.529 I_{10} - 0.006 I_{11} + 0.253 I_{12}$$

$$(6-2)$$

$$F_3 = - 0.020 I_1 + 0.029 I_2 + 0.414 I_3 + 0.009 I_4 - 0.158 I_5 - 0.034 I_6$$
$$+ 0.067 I_7 + 0.216 I_8 + 0.037 I_9 - 0.044 I_{10} + 0.458 I_{11} - 0.298 I_{12}$$

$$(6-3)$$

$$F_4 = - 0.049 I_1 - 0.087 I_2 + 0.171 I_3 - 0.402 I_4 - 0.093 I_5 + 0.054 I_6$$
$$+ 0.445 I_7 + 0.057 I_8 + 0.059 I_9 + 0.141 I_{10} - 0.111 I_{11} + 0.458 I_{12}$$

$$(6-4)$$

表 6-7　因子得分系数矩阵

指　　标	公共因子			
	F_1	F_2	F_3	F_4
I_1	0.237	0.042	-0.020	-0.049
I_2	0.222	0.035	0.029	-0.087
I_3	0.017	0.070	0.414	0.171
I_4	0.085	0.010	0.009	-0.402
I_5	0.257	-0.070	-0.158	-0.093
I_6	0.242	-0.116	-0.034	0.054
I_7	-0.024	0.058	0.067	0.445
I_8	0.154	-0.170	0.216	0.057
I_9	-0.012	0.438	0.037	0.059
I_{10}	-0.065	0.529	-0.044	0.141
I_{11}	-0.062	-0.006	0.458	-0.111
I_{12}	0.079	0.253	-0.298	0.458

（三）得出综合得分公式

将各公共因子对应的方差贡献率在累计贡献率中的比重（见表 6-8）作为权重，得到综合得分公式如下：

$$F = 0.428171 F_1 + 0.26457 F_2 + 0.191672 F_3 + 0.115586 F_4 \qquad (6-5)$$

表 6 − 8　公共因子在综合得分评价中的权重

单位:%

因　　子	方差贡献率	方差贡献率在累计贡献率中的占比
F_1	34. 243	42. 8171
F_2	21. 159	26. 4570
F_3	15. 329	19. 1672
F_4	9. 244	11. 5586

四　分地区实证分析结果

利用以上分析结果对 2016 年我国电子及通信设备制造业分地区技术创新能力进行综合评估。

首先对数据缺项进行填补处理,形成完整的数据表,参见附表 12。此处对于个别缺项数据按照该省(自治区、直辖市)所在区域的平均值进行缺陷填补。

利用最大值法对 2016 年我国电子及通信设备制造业的原始指标数据进行无量纲化处理,结果见表 6 − 9。

表 6 − 9　2016 年电子及通信设备制造业原始指标数据无量纲化结果

省　份	I_1	I_2	I_3	I_4	I_5	I_6	I_7	I_8	I_9	I_{10}	I_{11}	I_{12}
北　京	0. 420	0. 513	0. 054	0. 744	1	0. 952	0. 760	0. 486	0. 309	0. 334	0. 153	0. 015
天　津	0. 270	0. 260	0. 037	0. 706	0. 562	0. 693	0. 791	0. 243	0. 279	0. 539	0. 722	0. 010
河　北	0. 325	0. 304	0. 030	0. 533	0. 590	0. 603	0. 957	0. 324	0. 064	0. 284	0. 063	0. 030
山　西	0. 080	0. 021	0. 011	0. 855	0. 171	0. 607	0. 967	0. 919	0. 050	0. 176	0. 075	0. 068
内蒙古	1	1	0. 000	0. 893	0. 190	0. 366	1	0. 189	0. 036	0. 170	0. 117	0. 045
辽　宁	0. 284	0. 457	0. 010	0. 708	0. 333	0. 637	0. 962	0. 351	0. 188	0. 623	0. 177	0. 003
吉　林	0. 224	0. 266	0. 002	0. 777	0. 610	0. 756	0. 894	0. 189	0. 076	0. 222	0. 099	0. 003
黑龙江	0. 415	0. 191	0. 005	0. 707	0. 781	0. 986	0. 556	0. 365	0. 042	0. 207	0. 196	0. 003
上　海	0. 356	0. 510	0. 091	0. 706	0. 495	0. 670	0. 870	0. 216	1	0. 973	0. 223	0. 010
江　苏	0. 191	0. 250	0. 378	0. 502	0. 429	0. 991	0. 968	1	0. 111	0. 241	0. 235	0. 088
浙　江	0. 645	0. 757	0. 236	0. 620	0. 933	0. 985	0. 979	0. 635	0. 207	0. 354	0. 205	0. 096

省 份	I_1	I_2	I_3	I_4	I_5	I_6	I_7	I_8	I_9	I_{10}	I_{11}	I_{12}
安 徽	0.385	0.513	0.077	0.673	0.886	0.813	0.889	0.676	0.117	0.259	0.224	0.050
福 建	0.429	0.424	0.105	0.640	0.686	1	0.920	0.473	0.245	0.516	0.166	0.720
江 西	0.150	0.237	0.030	0.583	0.362	0.633	0.959	0.324	0.106	0.333	0.292	0.013
山 东	0.252	0.245	0.093	0.718	0.514	0.619	0.932	0.365	0.200	0.315	0.291	0.030
河 南	0.090	0.048	0.045	0.590	0.200	0.468	0.964	0.270	0.150	0.577	0.083	0.005
湖 北	0.446	0.599	0.065	0.757	0.657	0.726	0.756	0.257	0.339	0.553	0.119	0.018
湖 南	0.235	0.242	0.066	0.333	0.848	0.769	0.945	0.311	0.096	0.359	0.183	0.345
广 东	0.475	0.610	1.000	0.596	0.543	0.748	0.974	0.743	0.454	0.591	1	0.033
广 西	0.035	0.043	0.003	0.473	0.114	0.272	0.865	0.162	0.041	0.264	0.222	0.023
重 庆	0.151	0.188	0.020	0.587	0.429	0.568	0.943	0.365	0.102	0.201	0.168	0.008
四 川	0.361	0.436	0.080	0.717	0.743	0.712	0.914	0.324	0.168	0.453	0.331	0.045
贵 州	0.131	0.133	0.005	0.496	0.343	0.417	0.902	0.189	0.102	0.302	0.128	0.063
云 南	0.112	0.132	0.001	0.686	0.181	0.570	0.841	0.297	0.079	0.144	0.613	0.005
陕 西	0.424	0.477	0.031	0.769	0.790	0.883	0.963	0.622	0.103	0.261	0.138	0.136
甘 肃	0.265	0.252	0.004	0.876	0.667	0.285	0.844	0.446	0.351	1	0.330	0.103
新 疆	0.006	0.138	0.000	1	0.019	0.285	1	0.446	0.020	0.075	0.258	1

根据公式（6-1）、（6-2）、（6-3）、（6-4），计算各省级行政单位2016年电子及通信设备制造业四个公共因子得分，见表6-10。

表6-10 2016年电子及通信设备制造业公共因子得分

省 份	F_1	F_2	F_3	F_4
北 京	0.788	0.143	0.063	0.024
天 津	0.431	0.320	0.331	0.055
河 北	0.494	0.106	0.050	0.221
山 西	0.394	-0.037	0.235	0.203
内蒙古	0.662	0.172	0.116	-0.003
辽 宁	0.446	0.346	0.144	0.196
吉 林	0.504	0.067	0.027	0.073
黑龙江	0.657	-0.040	0.046	-0.060
上 海	0.473	0.902	0.149	0.236

续表

省　份	F_1	F_2	F_3	F_4
江　苏	0.606	−0.014	0.419	0.388
浙　江	0.899	0.147	0.192	0.215
安　徽	0.743	0.026	0.164	0.116
福　建	0.731	0.417	−0.078	0.528
江　西	0.371	0.148	0.196	0.215
山　东	0.454	0.177	0.204	0.152
河　南	0.222	0.328	0.116	0.296
湖　北	0.624	0.367	0.057	0.055
湖　南	0.560	0.198	−0.028	0.440
广　东	0.624	0.437	0.981	0.335
广　西	0.128	0.153	0.156	0.229
重　庆	0.385	0.069	0.140	0.194
四　川	0.587	0.229	0.159	0.122
贵　州	0.276	0.183	0.071	0.250
云　南	0.276	0.044	0.357	0.072
陕　西	0.746	0.054	0.084	0.162
甘　肃	0.401	0.629	0.139	0.140
新　疆	0.293	0.263	−0.019	0.511

根据公式（6-5），计算各省级行政单位2016年电子及通信设备制造业综合得分，并按照自高而低的顺序对得分进行排序，结果见表6-11。

表6-11　各省级行政单位按照得分自高而低顺序排名

排　　名	省　　份	得　　分
1	广　东	0.610
2	上　海	0.497
3	浙　江	0.485
4	福　建	0.469
5	北　京	0.390
6	湖　北	0.382

续表

排　名	省　份	得　分
7	江　苏	0.381
8	甘　肃	0.381
9	安　徽	0.370
10	陕　西	0.369
11	四　川	0.357
12	内蒙古	0.351
13	天　津	0.339
14	湖　南	0.338
15	辽　宁	0.333
16	山　东	0.298
17	河　北	0.275
18	黑龙江	0.273
19	江　西	0.260
20	新　疆	0.250
21	吉　林	0.247
22	河　南	0.238
23	重　庆	0.232
24	山　西	0.227
25	贵　州	0.209
26	云　南	0.207
27	广　西	0.152

第三节　技术创新能力地区差异实证研究结果解读

本节对电子及通信设备制造业因子分析结果，按照黄金分割原则进行深入的聚类分析，将各省（自治区、直辖市）划分为技术创新能力强、较强、较弱、弱四类地区，以明晰电子及通信设备制造业技术创新能力的地域特征。

一 基于黄金分割原则的聚类分析

对因子分析结果进行聚类分析，可以更清晰地展示出我国电子及通信设备制造业技术创新能力的区域特征。依据黄金分割原则进行聚类分析，将 27 个省级行政单位划分为电子及通信设备制造业技术创新能力强、较强、较弱、弱的省（自治区、直辖市）四类地区。

首先筛选出技术创新能力领先的省（自治区、直辖市）。将各省的综合得分自高而低进行排序，依次相加，至相加得分占总得分的 61.8% 为技术创新能力领先的省（自治区、直辖市）。按照这一标准，技术创新能力领先的地区，包括广东、上海、浙江、福建、北京、湖北、江苏、甘肃、安徽、陕西、四川、内蒙古、天津 13 个省（自治区、直辖市）。

进一步对筛选出来的创新能力领先的省（自治区、直辖市）进行二次黄金分割，分为创新能力强和较强的省（自治区、直辖市）。对领先省（自治区、直辖市）得分自高而低依次相加至占领先省（自治区、直辖市）得分总和的 61.8% 为止，得出电子及通信设备制造业技术创新能力强的省（自治区、直辖市）为广东、上海、浙江、福建、北京、湖北、江苏 7 个省（自治区、直辖市），电子及通信设备制造业技术创新能力较强的省（自治区、直辖市）为甘肃、安徽、陕西、四川、内蒙古、天津 6 个省（自治区、直辖市）。其中，按照国家统计局对我国东部、中部、西部和东北地区的划分，技术创新能力强的省（自治区、直辖市）中属于东部地区的省（自治区、直辖市）包括广东、上海、浙江、福建、北京、江苏 6 个省（自治区、直辖市），只有湖北属于中部地区。技术创新能力较强的省（自治区、直辖市）中甘肃、陕西、内蒙古、四川 4 个省（自治区、直辖市）属于西部地区，安徽属于中部地区，天津属于东部地区。

第三步除去创新能力强和较强的省（自治区、直辖市），其余 14 个省（自治区、直辖市）按照得分自高而低的顺序排列，依次相加，至相加得分占剩余 14 个省（自治区、直辖市）得分总和的 61.8%，得到 2016 年电子及通信设备制造业技术创新能力较弱的省（自治区、直辖市）为湖南、辽宁、山东、河北、黑龙江、江西、新疆、吉林 8 个省

（自治区、直辖市）。其中，湖南、江西属于中部地区，东北三省均处于这一梯队，山东、河北属于东部地区，新疆属于西部地区。

其余6个省（自治区、直辖市），包括河南、重庆、山西、贵州、云南、广西，则被划入电子及通信设备制造业技术创新能力弱的省（自治区、直辖市）。其中，河南、山西属于中部地区，重庆、贵州、云南、广西4省（自治区、直辖市）为西部地区。可以看到，电子及通信设备制造业技术创新能力弱的省（自治区、直辖市）均分布于中部、西部地区，且西部地区较多。

聚类分析结果见表6-12。

表 6-12　黄金分割法的聚类分析结果

类别	省　　份	地区分布
强	广东、上海、浙江、福建、北京、湖北、江苏	东部：6；中部：1
较强	甘肃、安徽、陕西、四川、内蒙古、天津	东部：1；中部：1；西部：4
较弱	湖南、辽宁、山东、河北、黑龙江、江西、新疆、吉林	东部：2；中部：2；西部：1；东北地区：3
弱	河南、重庆、山西、贵州、云南、广西	中部：2；西部：4

二　电子及通信设备制造业创新能力区域特征

从2016年我国电子及通信设备制造业技术创新能力地域分布情况来看，创新能力强的省份集中在东部地区，这与我国经济发展的东部领先特征基本相符。湖北是唯一的非东部省份，其在电子及通信设备制造业的强势地位，对中部产业的发展可以形成良好的带动作用。

值得关注的是第二梯队有大量的中部、西部省（自治区、直辖市）进入，西部省（自治区、直辖市）占据4席，中部省（自治区、直辖市）占据1席，这就意味着中部、西部省（自治区、直辖市）占据了6席中的5席。说明，近年来，我国电子及通信设备制造业已经出现从东部向中部、西部转移的态势，产业转移已经呈现一定成效。从实际发展态势来看，中部城市中如湖北武汉、安徽合肥；西部城市中，四川成都、陕西西安等已经在电子及通信设备制造业形成有影响力的产业集群，形成具有极强影响力的创新辐射作用。但同样必须看到的是，技术创新能力弱的地区也是集中在中部、西部地区。此外，东北地区整体都处于技术创新能力较弱的梯队。

第四节　基于 DEA 模型的技术创新效率分析

本节基于 DEA 模型，就电子及通信设备制造业不同省级行政单位的技术创新效率进行分析。

一　指标体系构建

在进行地区间效率评价时，DMU 单元较多，可以选择更多的投入产出指标进行分析。综合考虑指标的有效性和数据的完整性等因素，添加企业办研发机构经费支出这一投入指标，该指标衡量了某行业内企业对于研发的支出情况。本节分地区 DEA 分析所使用的指标体系见表 6-13。

表 6-13　分地区 DEA 分析指标体系

类型	指　　　标	编号	单位	内　　涵
投入	R&D 经费支出	X_1	万元	资金投入
	开发新产品经费支出	X_2	万元	资金投入
	企业办研发机构经费投入	X_3	万元	企业研发经费投入
	R&D 人员折合全时当量	X_4	人年	人力资本投入
产出	发明专利申请数	Y_1	项	原始创新成果
	新产品销售收入	Y_2	万元	市场转化成果

二　数据与模型选用

此处同样去掉西藏、宁夏、海南、青海 4 个省（自治区、直辖市），保留原统计 31 个省级行政单位中的 27 个。考虑到创新投入产出的时滞问题，时滞为 1 年，此处采用 2015 年的投入数据，2016 年的产出数据进行分析。由此得到，2016 年度电子及通信设备制造业创新投入产出数据，见表 6 - 14。

表 6 - 14　2016 年度电子及通信设备制造业创新投入产出

省　份	X_1（万元）	X_2（万元）	X_3（万元）	X_4（人年）	Y_1（项）	Y_2（万元）
北　京	531015	633220	287178	8591	1677	10411375
天　津	287921	264936	137101	7752	523	9175936
河　北	120770	119270	46153	4536	288	1314737
山　西	5933	8908	7243	415	36	73118
内蒙古	1727	60	435	87	3	328847
辽　宁	115150	149576	99313	3387	605	897198
吉　林	8095	14170	2529	109	67	169761
黑龙江	5486	6614	2080	488	8	227899
上　海	754207	988858	600485	15673	3960	7129442
江　苏	1806082	2228050	1885702	55380	6007	44624664
浙　江	1193042	1247016	963394	39326	3659	20695791
安　徽	351769	510303	282069	10212	2219	6958837
福　建	616004	590248	362781	15278	1937	12204071
江　西	150461	162936	59414	4703	461	2877715
山　东	678694	661011	407177	12789	3473	8874600
河　南	146919	139841	95623	6910	248	26161665
湖　北	628585	670915	232319	12901	3065	3883238
湖　南	348578	355387	213879	13433	677	8546612
广　东	7820870	9442989	8880393	168093	35578	140286292
广　西	17092	16259	7021	473	118	241853
重　庆	96645	123529	38274	2423	515	3050434
四　川	441782	535940	132064	11663	2390	8215113
贵　州	33637	35537	23388	1568	133	422112
云　南	2735	4248	594	70	8	83918
陕　西	202160	198081	49038	5662	332	780722
甘　肃	12550	14311	4407	322	56	458155
新　疆	199	311	436	29	5	3514

资料来源：《中国高技术产业统计年鉴 2016》《中国高技术产业统计年鉴 2017》，分别对应 2015 年和 2016 年的数据。

三　DEA 实证结果分析

2016 年我国 27 个省级行政单位电子及通信设备制造业技术创新效率结果见表 6 – 15。表 6 – 15 按照综合效率自高而低排序。

从综合技术效率来看，有效单元为内蒙古、吉林、河南、广西、新疆。27 个决策单元中，除这 5 个省级行政单位之外，22 个省级行政单位处于无效率的状态。

表 6 – 15　2016 年电子及通信设备制造业技术创新效率分析结果

排名	省　份	综合技术效率	纯技术效率	规模效率	规模报酬
1	内蒙古	1	1	1	C
1	吉　林	1	1	1	C
1	河　南	1	1	1	C
1	广　西	1	1	1	C
1	新　疆	1	1	1	C
6	山　东	0.851422	1	0.851422	D
7	四　川	0.828956	1	0.828956	D
8	湖　北	0.729934	1	0.729934	D
9	重　庆	0.728456	1	0.728456	D
10	安　徽	0.705455	1	0.705455	D
11	上　海	0.689221	1	0.689221	D
12	甘　肃	0.680049	0.767897	0.885600	D
13	广　东	0.651953	1	0.651953	D
14	云　南	0.615691	0.929004	0.662743	I
15	辽　宁	0.602650	0.849992	0.709006	D
16	北　京	0.529822	0.881534	0.601023	D
17	福　建	0.513983	0.669049	0.768230	D
18	江　苏	0.441195	0.808611	0.545621	D
19	江　西	0.439754	0.598364	0.734927	D
20	山　西	0.417705	0.731696	0.570872	D
21	浙　江	0.411498	0.676460	0.608310	D
22	贵　州	0.411161	0.592859	0.693522	D

续表

排名	省　份	综合技术效率	纯技术效率	规模效率	规模报酬
23	天　津	0.368623	0.499819	0.737513	D
24	河　北	0.358650	0.462783	0.774986	D
25	陕　西	0.309352	0.360852	0.857282	D
26	黑龙江	0.304707	0.314912	0.967593	D
27	湖　南	0.281787	0.434405	0.648673	D

注：C 代表规模报酬不变，I 代表规模报酬递增，D 代表规模报酬递减。
资料来源：笔者根据 DEA 分析结果整理所得。

从纯技术效率来看，内蒙古、吉林、河南、广西、新疆、山东、四川、湖北、重庆、安徽、上海、广东 12 个省级行政单位纯技术效率有效。对于山东、四川、湖北、重庆、安徽、上海、广东这 7 个纯技术效率处于前沿的省份来说，优化规模效率是提升综合技术效率的重要途径。对于贵州、天津、河北、陕西、黑龙江、湖南这些纯技术效率较低的地区，要以提升管理水平和技术应用水平为主提升纯技术效率，辅之优化投入规模。

从规模效率和规模报酬来看，除内蒙古、吉林、河南、广西、新疆 5 个省级行政单位外，其他地区均为规模效率无效；且无效决策单元中，只有云南省处于规模效益递增阶段，说明提升云南的技术创新效率可以通过继续提升规模效率和规模报酬来实现，而其他省级行政单位均处于规模效益递减的状态。

第五节　能力评价结果与效率评价结果的比对分析

本节综合技术创新能力评价和效率结果，对我国电子及通信设备制造业地区间的技术创新水平进行综合分析。

一　分地区能力评价结果与效率评价结果比对

综合创新能力评价结果，将 27 个省级行政单位的技术创新能力与技术创新效率排名进行比较分析，以进一步寻找其中的特征和规律。27 个省级行政单位的技术创新能力和创新综合技术效率排名情况及二者的差异见表 6 – 16。

表 6 – 16 分地区技术创新能力和创新综合技术效率排名情况

省　份	能力排名	效率排名	排名差异
北　京	5	16	– 11
天　津	13	23	– 10
河　北	17	24	– 7
山　西	24	20	4
内蒙古	12	1	11
辽　宁	15	15	0
吉　林	21	1	20
黑龙江	18	26	– 8
上　海	2	11	– 9
江　苏	7	18	– 11
浙　江	3	21	– 18
安　徽	9	10	– 1
福　建	4	17	– 13
江　西	19	19	0
山　东	16	6	10
河　南	22	1	21
湖　北	6	8	– 2
湖　南	14	27	– 13
广　东	1	13	– 12
广　西	27	1	26
重　庆	23	9	14
四　川	11	7	4
贵　州	25	22	3
云　南	26	14	12
陕　西	10	25	– 15
甘　肃	8	12	– 4
新　疆	20	1	19

注：排名差异计算方法为技术创新能力排名减去创新综合技术效率排名，如果得出负值代表前者排名比后者排名靠前。

资料来源：笔者根据分析结果整理所得。

二　比对结果的地区特征分析

根据我国电子及通信设备制造业分地区技术创新能力和创新综合技术效率排名差异，将27个省级行政单位的二者差异情况进一步分类。将二者排名差异在5（包括5）以内的地区定义为差异较小的地区，二者排名差异在6～10（包括6、10）的地区定义为差异较大的地区，将二者排名差异在11以上的（包括11）地区定义为差异大的地区。分类结果见表6－17。

表6－17　27个省级行政单位排名差异情况分类

类型	差异度	省　份
较小	差异在5（包括5）以内的地区	山西、辽宁、安徽、江西、湖北、四川、贵州、甘肃
较大	差异在6～10（包括6、10）的地区	天津、河北、黑龙江、上海、山东
大	差异在11以上的（包括11）的地区	北京、内蒙古、吉林、江苏、浙江、福建、河南、湖南、广东、广西、重庆、云南、陕西、新疆

资料来源：笔者根据数据分析结果整理所得。

在差异较小的地区中，安徽、湖北是两项排名均较为靠前（以两项排名均在前10为标准）的地区；山西、辽宁、江西、贵州是两项评估排名均靠后（以两项排名均在15以后为标准）的地区。

技术效率领先地区和技术创新能力领先地区呈现倒挂特征。技术创新能力处于第一梯队的7个地区为广东、上海、浙江、福建、北京、湖北、江苏，综合技术效率排名分别在第13、第11、第21、第17、第16、第8、第18位，均在7名之后，大部分在相对靠后的位置。从差异度来看，上海属于差异度较大的地区，湖北属于差异度小的地区，其他5个省份广东、浙江、福建、北京、江苏均处于差异大的梯队，也体现出技术创新能力和技术创新效率倒挂的特征。技术创新能力代表了实力，是长期累积的结果，而大部分实力较强的省级区域处于低效率状态，说明当前创新能力较强的地区应该着重于提质增效。内蒙古、吉林、河南、广西、新疆5个创新综合技术效率有效的省级行政单位均处于差异较大的梯队中。根据技术创新能力评价结果（见表 6 – 12），按照黄金分割原则，内蒙古的技术创新能力较强，吉林、新疆为较弱，河南、广西为弱。这表明电子及通信设备制造业创新综合技术效率处于前沿的地区技术创新能力较弱，呈现技术创新能力和技术创新效率倒挂的特征。

三 区域发展启示

从 2016 年我国电子及通信设备制造业技术创新能力地域分布情况来看，中部、西部城市已经占据了第二梯队的大部分。近年来，我国电子及通信设备制造业已经出现从东部向中部、西部转移的态势，产业转移已经呈现一定成效。综合比较各省级行政单位的技术创新能力和创新效率，安徽、湖北、内蒙古两项排名都在较为靠前的位置，均为中部地区，这些地区未来的发展潜力很大，中部地区整体处于创新水平的上升期。由电子及通信设备制造业的特征可知，电子及通信设备制造业的技术创新能力和技术创新效率受地区人力资源投入情况影响显著。中部城市在电子及通信设备制造业创新上的突出表现与中部、西部城市集中引智有很大的关系。提升西部发展电子及通信设备制造业产业创新水平，要继续在人才的集聚和供给上着力，特别是要实现从人口红利向人才红利的转变。

第六节　本章小结

本章使用 2016 年的数据对电子及通信设备制造业技术创新水平进行了分地区（共包括 27 个省级行政单位）的实证分析。

通过因子分析法对技术创新能力差异进行评估，并按照黄金分割原则对评估结果进行聚类分析，将各省（自治区、直辖市）划分为技术创新能力强、较强、较弱、弱四类地区。技术创新能力强省（自治区、直辖市）集中在东部地区，湖北作为唯一的非东部省份，其在电子及通信设备制造业的强势地位，对中部地区的产业发展可以形成良好的带动作用。第二梯队的 6 席中中部、西部省（自治区、直辖市）占据了 5 席。

以 DEA 模型为基础，进行了分地区创新效率的实证分析。结果显示，内蒙古、吉林、河南、广西、新疆 5 个省级行政单位创新综合技术效率处于前沿，22 个省级行政单位处于无效率状态。

综合比对技术创新能力和创新效率的实证分析结果可以发现，一是从创新表现上看，电子及通信设备制造业在中部地区的发展态势强劲。安徽、湖北、内蒙古两项排名都在较为靠前的位置，均为中部地区。二是技术效率领先地区和技术创新能力领先地区呈现倒挂特征。

第七章

医疗仪器设备及仪器仪表制造业技术创新水平地区差异的实证分析

在高技术产业统计年鉴中，分地区数据统计将医疗仪器设备制造业、仪器仪表制造业合并统计，因此，本章将医疗仪器设备及仪器仪表制造业作为一个行业进行分地区技术创新水平的实证分析。

第一节　技术创新能力地区差异的实证研究

本节利用2016年的数据通过因子分析法对医疗仪器设备及仪器仪表制造业技术创新能力地区差异进行评估，并按照黄金分割原则对评估结果进行进一步的聚类分析。

一　我国医疗仪器设备及仪器仪表制造业的发展特征

（一）发展体量较小，且增长态势不明显

从规模性发展指标来看，2011～2016年医疗仪器设备制造业的企业数量（见表4-3）、利润总额（见表4-6）都处于第4位，资产规模（见表4-4）、主营业务收入（见表4-5）、从业人员（见表4-7）都处于最后一位；仪器仪表制造业各项规模指标则基本处于第3位，且近年来的增长态势较为缓慢。整体来看，我国医疗设备制造及仪器仪表制造业还处于发展初期，且整体发展势头并不强劲，在高技术装备制造业中属于发展较弱的行业类别。

（二）技术引进力度较大且重引进轻消化吸收的特征十分明显

医疗仪器设备制造业发展体量靠后，但是技术引进力度却比较大，一定程度上反映了当前我国医疗仪器设备制造业技术创新较大程度上依赖技术引进。从引进技术经费支出（见表4-29）来看，医疗仪器设备制造业在引进技术经费上投入相对较高，医疗仪器设备制造业发展体量靠后，但技术引进投入却排在第2位，一定程度上反映了当前我国医疗仪器设备制造业的发展较大程度上依赖技术引进。从引进技术经费与购买境内技术经费的比值来看，2012~2016年，医疗仪器设备制造业这一比值远高于其他行业。2016年，这一比值高达24.08%，其他行业则在5%以下的水平。但同时，医疗仪器设备制造业对引进技术的消化吸收力度又明显低于其他行业。这说明医疗仪器设备制造业既依赖于技术引进，同时消化吸收的能力又偏弱。

仪器仪表制造业的技术引进力度弱于医疗仪器设备制造业，但引进技术经费支出也明显高于购买境内技术经费。

（三）原始创新能力不足

从发明专利占总专利数量的比重（见表7-1）来看，近6年来，医疗仪器设备制造业和仪器仪表制造业占比较低，一定程度上反映了这两个行业的原始创新能力不足。

表7-1　2011~2016年分行业发明专利占比

单位:%

年份	航空航天器设备制造业	电子及通信设备制造业	计算机及办公设备制造业	医疗仪器设备制造业	仪器仪表制造业
2011	42.29	54.55	67.52	37.96	32.36
2012	46.08	53.91	65.84	34.57	32.14
2013	49.147	54.11 ·	62.68	35.11	31.2

续表

年份	航空航天器设备制造业	电子及通信设备制造业	计算机及办公设备制造业	医疗仪器设备制造业	仪器仪表制造业
2014	57.53	54.28	57.7	33.53	35.52
2015	56.89	58.14	63.02	38.67	37.22
2016	49.13	57.87	57.56	41.6	37.14

资料来源：笔者计算所得。

（四）产业技术创新能力较低，资金投入和人力资源投入不足

医疗仪器设备制造业技术创新能力排在第4位，仪器仪表制造业技术创新能力排在最后一位，且2013年之后均明显下降，近6年来整体呈现下降趋势（见图4－10、图4－11）。医疗仪器设备制造业除了在技术引进因子上排名靠前外，其他三个因子表现均比较靠后。仪器仪表制造业虽然总体排名在最后一位，但在支撑性因子、技术引进因子上都排名较为靠前，而投入类因子和人力资源投入因子则存在明显的不足。资金投入和人力资源投入不足，与这两类行业还处于较为初始的发展阶段相匹配。

（五）规模不足和原始创新能力较弱是影响医疗仪器设备及仪器仪表制造业创新效率的关键因素

虽然产业创新能力较差，但医疗仪器设备制造业综合技术效率排在第2位，说明该行业在创新效率上有一定优势，产业创新的长期发展具有活力。该行业纯技术效率很高，但规模效率排名最低，说明其通过进一步扩大产业规模提升创新效率上还大有空间。医疗仪器设备制造业创新效率最为敏感，也是唯一的敏感因子为发明专利申请数，说明该行业创新效率受原始创新成果水平影响很大。

仪器仪表制造业创新能力排名最后一位，且综合技术效率排名处于第4位，技术创新能力排在最后一位，这表明仪器仪表制造业整体技术创新水平很低，提升该行业的技术创新水平还有很多的工作要做。仪器仪表制造业创新综合技术效率受创新成果转化投入和原始创新成果

水平影响较大。

二　分地区实证分析过程

（一）进行因子分析法适用性检验

通过数据筛选，在指标选择上，保留指标 $I_1 \sim I_{11}$；在地区选择上，原统计共包括31个省级行政单位，此处去掉西藏、海南、甘肃、青海、新疆5个缺项较多的省级行政单位，保留26个省级行政单位。2016年我国医疗仪器设备及仪器仪表制造业分地区指标原始数据整理见表7-2。

表7-2　2016年我国医疗仪器设备及仪器仪表制造业分地区指标数据

省份	I_1	I_2	I_3	I_4	I_5	I_6	I_7	I_8	I_9	I_{10}	I_{11}
北　京	4.19	6.04	4250	43.88	1.01	65.98	91.12	0.37	1370.46	52.09	0.89
天　津	6.87	6.63	2696	44.52	1.78	66.67	95.52	0.28	1732.29	32.75	9.05
河　北	2.07	2.39	1450	39.28	0.81	35.65	91.34	0.26	677.4	53.13	1.53
山　西	2.09	3	205	43.77	0.83	73.33	88.57	0.67	234.9	36	1.12
内蒙古	2.06	1.47	52	27.17	0.83	44.44	98.93	0.67	66.5	8.83	0.18
辽　宁	2.44	3.82	2125	48.40	0.87	44	76.25	0.22	475.11	107	5.41
吉　林	0.20	0.34	49	21.05	0.30	11.9	67.84	0.02	59	110	1.98
黑龙江	3.62	4.54	983	42.92	1.79	50	80.30	0.36	592.6	63.40	0.96
上　海	2.75	3.96	3824	42.50	0.81	39.54	87.32	0.09	2055.87	88.43	4.71
江　苏	1.76	1.85	22452	35.08	0.87	64.45	93.90	0.78	769.24	33.34	5.49
浙　江	3.74	4.30	12985	31.70	0.99	67.44	95.70	0.55	833.58	43.71	3.81
安　徽	1.51	1.82	1173	34.53	0.53	39.82	95.11	0.35	456.83	22.67	18.76
福　建	3	2.77	1807	33.57	1.06	63.72	87.56	0.30	280.88	30.35	5.24
江　西	0.83	1.17	800	32.25	0.38	45.87	97.98	0.27	474.59	37.38	1.47
山　东	1.68	1.56	6221	40.58	0.88	43.43	95.69	0.28	650.95	35.52	3.18
河　南	1.23	1.10	4045	41.59	0.59	29.63	95.51	0.24	651.83	46.46	2.57
湖　北	2.69	2.97	1509	40.91	0.73	45.93	98.55	0.19	508.47	27	0.66
湖　南	2.09	2.26	2105	44.38	0.83	53.29	86.89	0.35	787.85	54.85	2.06
广　东	3.26	4.80	10980	36.07	0.79	61.38	92.38	0.72	1051.09	53.42	3.48
广　西	2.07	2.21	379	39.52	0.68	46.88	92.14	0.22	398.43	19	1.70
重　庆	2.88	3.15	1913	39.10	0.89	56.76	91.41	0.33	755.92	38.35	8.47

续表

省份	I_1	I_2	I_3	I_4	I_5	I_6	I_7	I_8	I_9	I_{10}	I_{11}
四　川	1.84	2.38	1113	39.77	0.62	42.97	93.42	0.16	546.05	50.52	4.91
贵　州	0.48	1.24	77	43.97	0.46	30.43	81.20	0.17	355.25	42.50	6.24
云　南	1.57	2.66	304	43.94	0.60	57.69	90.20	0.15	1354.75	38	2.52
陕　西	3.85	2.47	2495	48.97	1.23	56.32	68.28	0.31	865.37	44.22	3.42
宁　夏	1.86	3.52	176	38.96	1.16	50	93.26	0.38	1054.67	86.33	2.05

资料来源：笔者根据《中国高技术产业统计年鉴2017》计算所得，对应2016年数据。

对于缺项数据按照按列表排除个案的方法进行处理。采用 KMO 样本测度和 Bartlett 球形检验对各变量之间的相关性进行检验，结果见表 7－3。经检验 KMO 值为 0.562，大于 0.5；Bartlett 球形检验结果为 0.000，小于 0.01；说明该样本数据适合进行因子分析。

表 7－3　KMO 样本测度和 Bartlett 球形检验结果

KMO		0.562
Bartlett 球形检验	卡方	175.810
	df	66
	显著性	0.000

（二）确定公共因子

1. 筛选公共因子

实证分析结果（见表 7－4）显示，前四个因子的特征根都大于 1，且累计方差贡献率达到 77.618%，说明这四个因子已经能够保留近 80% 的信息，可以作为公共因子对我国医疗仪器设备及仪器仪表制造业技术创新能力进行进一步简化评估。

此处采用四次方最大值法，得到旋转后的因子载荷矩阵结果如表 7－5 所示。表中系数按照由大到小排列，并且不显示数值特别小的系数。

表 7 − 4 说明的方差累计情况

指 标	起始特征值			提取的平方和载入		
	总 计	方差的百分比	累计（％）	总 计	方差的百分比	累计（％）
I_1	3.964	36.034	36.034	3.964	36.034	36.034
I_2	2.327	21.158	57.193	2.327	21.158	57.193
I_3	1.198	10.889	68.082	1.198	10.889	68.082
I_4	1.049	9.536	77.618	1.049	9.536	77.618
I_5	0.842	7.651	85.268	—	—	—
I_6	0.680	6.179	91.447	—	—	—
I_7	0.341	3.101	94.548	—	—	—
I_8	0.271	2.463	97.011	—	—	—
I_9	0.170	1.542	98.553	—	—	—
I_{10}	0.123	1.117	99.670	—	—	—
I_{11}	0.036	0.330	100.000	—	—	—

表 7 − 5 四次方最大值法旋转后的因子载荷矩阵

指 标	因 子			
	F_1	F_2	F_3	F_4
I_2	0.921	—	0.107	—
I_1	0.917	0.110	—	—
I_5	0.841	—	—	− 0.186
I_9	0.701	− 0.185	—	0.415
I_6	0.688	0.416	0.379	− 0.166
I_4	0.612	—	− 0.419	—
I_{10}	—	− 0.945	—	—
I_7	—	0.768	0.193	0.198
I_3	0.121	—	0.896	0.165
I_8	0.159	0.407	0.766	− 0.267
I_{11}	—	0.155	—	0.849

注：在五迭代中收敛循环。表中未出现的数据为特别小的数据，不具有分析价值，为了更清晰地展示各个公共因子特征，此处不显示特别小的系数。

由表 7-5 可知，第一个公共因子 F_1 在开发新产品经费占主营业务收入的比重（I_2）、R&D 投入强度（I_1）、R&D 人员占从业人员的比重（I_5）、企业办研发机构平均经费支出（I_9）、有 R&D 活动企业比例（I_6）、R&D 人员中研究人员占比（I_4）有较大载荷。

第二个公共因子 F_2 在企业办研发机构平均人员数（I_{10}）、R&D 经费内部支出中企业资金占比（I_7）上有较大载荷。

第三个公共因子 F_3 在 R&D 人员折合全时当量（I_3）、企业平均办研发机构数量（I_8）上有较大的载荷。

第四个公共因子 F_4 在 R&D 经费中外部支出占比（I_{11}）上有较大载荷。

2. 计算公共因子得分

根据因子得分系数矩阵（见表 7-6），得到四个公共因子的表达式如下：

$$F_1 = 0.245 I_1 + 0.245 I_2 - 0.033 I_3 + 0.198 I_4 + 0.234 I_5$$
$$+ 0.162 I_6 - 0.022 I_7 - 0.006 I_8 + 0.180 I_9 + 0.016 I_{10} - 0.022 I_{11}$$

$$(7-1)$$

$$F_2 = 0.039 I_1 - 0.066 I_2 - 0.200 I_3 + 0.049 I_4 - 0.016 I_5$$
$$+ 0.162 I_6 + 0.419 I_7 + 0.078 I_8 - 0.140 I_9 - 0.571 I_{10} + 0.076 I_{11}$$

$$(7-2)$$

$$F_3 = -0.041 I_1 + 0.023 I_2 + 0.599 I_3 - 0.309 I_4 - 0.038 I_5$$
$$+ 0.105 I_6 - 0.036 I_7 + 0.398 I_8 + 0.041 I_9 + 0.202 I_{10} + 0.006 I_{11}$$

$$(7-3)$$

$$F_4 = 0.000 I_1 + 0.035 I_2 + 0.193 I_3 - 0.036 I_4 - 0.193 I_5$$
$$- 0.162 I_6 + 0.174 I_7 - 0.219 I_8 + 0.366 I_9 + 0.033 I_{10} + 0.774 I_{11}$$

$$(7-4)$$

表 7-6 因子得分系数矩阵

指 标	公共因子			
	F_1	F_2	F_3	F_4
I_1	0.245	0.039	-0.041	0.000
I_2	0.245	-0.066	0.023	0.035
I_3	-0.033	-0.200	0.599	0.193
I_4	0.198	0.049	-0.309	-0.036

指　标	公共因子			
	F_1	F_2	F_3	F_4
I_5	0.234	−0.016	−0.038	−0.193
I_6	0.162	0.162	0.105	−0.162
I_7	−0.022	0.419	−0.036	0.174
I_8	−0.006	0.078	0.398	−0.219
I_9	0.180	−0.140	0.041	0.366
I_{10}	0.016	−0.571	0.202	0.033
I_{11}	−0.022	0.076	0.006	0.774

（三）得出综合得分公式

将各公共因子对应的方差贡献率在累计贡献率中的比重（见表 7 - 7）作为权重，得到综合得分公式如下：

$$F = 0.464248 F_1 + 0.272591 F_2 + 0.14029 F_3 + 0.122858 F_4 \qquad (7-5)$$

表 7 - 7　公共因子在综合得分评价中的权重

单位：%

因　子	方差贡献率	方差贡献率在累计贡献率中的占比
F_1	36.034	46.4248
F_2	21.158	27.2591
F_3	10.889	14.0290
F_4	9.536	12.2858

三　分地区实证分析结果

利用最大值法对 2016 年我国医疗仪器设备及仪器仪表制造业的原始指标数据进行无量纲化处理，结果见表 7 - 8。

根据公式（7 - 1）、（7 - 2）、（7 - 3）、（7 - 4），计算各省份 2016 年医疗仪器设备及仪器仪表制造业四个公共因子得分见表 7 - 9。

表7-8　2016年医疗仪器设备及仪器仪表制造业原始指标数据无量纲化结果

省　份	I_1	I_2	I_3	I_4	I_5	I_6	I_7	I_8	I_9	I_{10}	I_{11}
北　京	0.610	0.911	0.189	0.896	0.564	0.900	0.921	0.474	0.667	0.474	0.047
天　津	1	1	0.120	0.909	0.994	0.909	0.966	0.359	0.843	0.298	0.482
河　北	0.301	0.360	0.065	0.802	0.453	0.486	0.923	0.333	0.329	0.483	0.082
山　西	0.304	0.452	0.009	0.894	0.464	1	0.895	0.859	0.114	0.327	0.060
内蒙古	0.300	0.222	0.002	0.555	0.464	0.606	1	0.859	0.032	0.080	0.010
辽　宁	0.355	0.576	0.095	0.988	0.486	0.600	0.771	0.282	0.231	0.973	0.288
吉　林	0.029	0.051	0.002	0.430	0.168	0.162	0.686	0.026	0.029	1	0.106
黑龙江	0.527	0.685	0.044	0.876	1	0.682	0.812	0.462	0.288	0.576	0.051
上　海	0.400	0.597	0.170	0.868	0.453	0.539	0.883	0.115	1	0.804	0.251
江　苏	0.256	0.279	1	0.716	0.486	0.879	0.949	1	0.374	0.303	0.293
浙　江	0.544	0.649	0.578	0.647	0.553	0.920	0.967	0.705	0.405	0.397	0.203
安　徽	0.220	0.275	0.052	0.705	0.296	0.543	0.961	0.449	0.222	0.206	1
福　建	0.437	0.418	0.080	0.686	0.592	0.869	0.885	0.385	0.137	0.276	0.279
江　西	0.121	0.176	0.036	0.659	0.212	0.626	0.990	0.346	0.231	0.340	0.078
山　东	0.245	0.235	0.277	0.829	0.492	0.592	0.967	0.359	0.317	0.323	0.170
河　南	0.179	0.166	0.180	0.849	0.330	0.404	0.965	0.308	0.317	0.422	0.137
湖　北	0.392	0.448	0.067	0.835	0.408	0.626	0.996	0.244	0.247	0.245	0.035
湖　南	0.304	0.341	0.094	0.906	0.464	0.727	0.878	0.449	0.383	0.499	0.110
广　东	0.475	0.724	0.489	0.737	0.441	0.837	0.934	0.923	0.511	0.486	0.186
广　西	0.301	0.333	0.017	0.807	0.380	0.639	0.931	0.282	0.194	0.173	0.091
重　庆	0.419	0.475	0.085	0.798	0.497	0.774	0.924	0.423	0.368	0.349	0.451
四　川	0.268	0.359	0.050	0.812	0.346	0.586	0.944	0.205	0.266	0.459	0.262
贵　州	0.070	0.187	0.003	0.898	0.257	0.415	0.821	0.218	0.173	0.386	0.333
云　南	0.229	0.401	0.014	0.897	0.335	0.787	0.912	0.192	0.659	0.345	0.134
陕　西	0.560	0.373	0.111	1	0.687	0.768	0.690	0.397	0.421	0.402	0.182
宁　夏	0.271	0.531	0.008	0.796	0.648	0.682	0.943	0.487	0.513	0.785	0.109

表7-9　2016年医疗仪器设备及仪器仪表制造业公共因子得分

省　　份	F_1	F_2	F_3	F_4
北　京	0.925	0.169	0.184	0.134
天　津	1.168	0.306	0.036	0.467
河　北	0.546	0.183	0.032	0.118

续表

省　份	F_1	F_2	F_3	F_4
山　西	0.632	0.422	0.195	−0.200
内蒙古	0.424	0.551	0.192	−0.192
辽　宁	0.664	−0.126	0.087	0.224
吉　林	0.174	−0.236	0.068	0.167
黑龙江	0.853	0.115	0.067	−0.099
上　海	0.771	−0.136	0.089	0.563
江　苏	0.535	0.234	0.890	0.261
浙　江	0.729	0.227	0.558	0.188
安　徽	0.414	0.463	0.057	0.780
福　建	0.623	0.384	0.081	0.095
江　西	0.375	0.337	0.055	0.100
山　东	0.519	0.285	0.136	0.189
河　南	0.427	0.215	0.059	0.217
湖　北	0.590	0.373	−0.052	0.064
湖　南	0.613	0.198	0.095	0.086
广　东	0.732	0.166	0.587	0.180
广　西	0.521	0.416	−0.069	0.056
重　庆	0.655	0.328	0.084	0.346
四　川	0.516	0.238	−0.023	0.266
贵　州	0.379	0.239	−0.096	0.287
云　南	0.637	0.264	−0.058	0.265
陕　西	0.769	0.183	0.030	0.083
宁　夏	0.695	0.034	0.147	0.111

　　根据公式（7-5），计算各省级行政单位2016年医疗仪器设备及仪器仪表制造业技术创新能力综合得分，并按照自高而低的顺序对得分进行排序，结果见表7-10。

表7-10　各省级行政单位按照得分自高而低顺序排名

排　名	省　份	得　分
1	天　津	0.688
2	北　京	0.518
3	浙　江	0.502
4	广　东	0.490
5	江　苏	0.469
6	重　庆	0.448
7	黑龙江	0.425
8	安　徽	0.422
9	陕　西	0.421
10	福　建	0.417
11	山　西	0.411
12	上　海	0.403
13	云　南	0.392
14	湖　北	0.376
15	宁　夏	0.366
16	湖　南	0.362
17	山　东	0.361
18	广　西	0.352
19	内蒙古	0.350
20	四　川	0.334
21	河　北	0.322
22	辽　宁	0.314
23	河　南	0.292
24	江　西	0.286
25	贵　州	0.263
26	吉　林	0.047

第二节　技术创新能力地区差异实证
研究结果解读

一　基于黄金分割原则的聚类分析

进一步对26个省（自治区、直辖市）的因子分析法的得分结果进行聚类分析，可以更清晰地展示出我国医疗仪器设备及仪器仪表制造业技术创新能力的地区特征，基于因子分析法将医疗仪器设备及仪器仪表制造业划分为技术创新能力强、较强、较弱、弱的省（自治区、直辖市）。分析结果参见表7-11。①

表7-11　黄金分割法的聚类分析结果

类别	省　　份	地区分布
强	天津、北京、浙江、广东、江苏、重庆、黑龙江、安徽	东部：5；中部：1；西部：1；东北地区：1
较强	陕西、福建、山西、上海、云南、湖北	东部：2；中部：2；西部：2
较弱	宁夏、湖南、山东、广西、内蒙古、四川	东部：1；中部：1；西部：4
弱	河北、辽宁、河南、江西、贵州、吉林	东部：1；中部：2；西部：1；东北地区：2

医疗仪器设备及仪器仪表制造业技术创新能力强的省（自治区、直辖市）为天津、北京、浙江、广东、江苏、重庆、黑龙江、安徽8个省（自治区、直辖市），创新能力较强的省（自治区、直辖市）为陕西、福建、山西、上海、云南、湖北6个省（自治区、直辖市）。其中，按照国家统计局对我国东部、中部、西部和东北地区的划分，技术创新能力强的省（自治区、直辖市）中，天津、北京、浙江、广东、江苏5个省（自治区、直辖市）属于东部地区，重庆属于西部地区，安徽属于中部地区，黑龙江属于东北地区，东部地区集中了5个省（自治区、直辖市），中部、西部、东北地区各有1个省（自治区、直辖市）。技术创新能力较强的省（自治区、直辖市）中，陕西、云南属于西部地区，山西、湖北属于中部地区，福建、上海属于东部地区，东部、中部、西部各有2个省（自治区、直辖市）。

医疗仪器设备及仪器仪表制造业技术创新能力较弱的省（自治区、直辖市），包括宁夏、湖南、山东、广西、内蒙古、四川6个省（自治区、直辖市）。其中，宁夏、广西、内蒙古、四川均属于西部地区，湖南

---

① 具体操作方法参见第六章第二节，此处不再赘述。

属于中部地区，山东属于东部地区。

其余6个省（自治区、直辖市），包括河北、辽宁、河南、江西、贵州、吉林，为医疗仪器设备及仪器仪表制造业技术创新能力弱的省（自治区、直辖市）。其中，河北属于东部地区，辽宁、吉林为东北地区，河南、江西为中部省（自治区、直辖市），贵州为西部省（自治区、直辖市）。

二　医疗仪器设备及仪器仪表制造业创新能力区域特征

从四个公共因子的分析结果来看，R&D 经费中外部支出占比（I_{11}）体现产学研合作情况，成为独立的公共因子之一，说明对于医疗仪器设备及仪器仪表制造业分地区技术创新能力来说，产学研合作成为决定不同地区行业技术创新能力的关键要素之一。

从分地区聚类分析结果来看，2016 年我国医疗仪器设备及仪器仪表制造业技术创新能力强省（自治区、直辖市）集中在东部地区。此外，中部、西部、东北地区各有 1 个省份进入第一梯队。第二梯队中的省份分布更为均衡，东部、中部、西部和东北地区各有 2 个。这表明我国医疗仪器设备及仪器仪表制造业除了东部地区具有明显的领先优势外，中部、西部地区发展较为均衡。

总体来看，当前我国医疗仪器设备及仪器仪表制造业尚处于发展的初级阶段，与电子及通信设备制造业已经发展相对成熟不同，处于发展初期的医疗仪器设备及仪器仪表制造业创新能力布局相对均衡。

第三节　基于 DEA 模型的技术创新效率分析

本节基于 DEA 模型，就医疗仪器设备及仪器仪表制造业不同省级行政单位的技术创新效率进行分析。

一　数据选用

与创新能力分析对应，去掉西藏、海南、甘肃、青海、新疆 5 个省级行政单位，保留原统计 31 个省级行政单位中的 26 个。以 2015 年医疗仪器设备及仪器仪表制造业数据为投入数据，以 2016 年数据作为产出数据。由此得到，2016 年医疗仪器设备及仪器仪表制造业创新投入产出数据，见表 7 - 12。

表 7 - 12　2016 年医疗仪器设备及仪器仪表制造业创新投入产出

省　份	X_1（万元）	X_2（万元）	X_3（万元）	X_4（人年）	Y_1（项）	Y_2（万元）
北　京	177404	252848	167745	4383	576	1826406
天　津	96163	93205	30266	2158	236	346282
河　北	25928	29121	25039	1495	82	218943
山　西	3888	13407	7454	129	19	29353
内蒙古	2890	6426	46	251	0	3060
辽　宁	54008	55736	14639	2242	343	253075
吉　林	2117	2277	0	127	15	28262
黑龙江	21877	23204	4880	1047	147	46923
上　海	177583	217558	121535	3954	669	945667
江　苏	654472	745455	660537	21430	2847	8803733
浙　江	295885	322194	266568	13549	1054	4071143
安　徽	49790	38320	17373	1182	256	765415
福　建	40815	39939	14392	1761	98	295896
江　西	19028	21670	9855	719	77	245147
山　东	196697	190869	87659	5964	408	1251042
河　南	83504	72089	47553	3826	206	467798
湖　北	39817	51165	20241	1014	225	413002
湖　南	66190	63018	34617	2403	390	1100525
广　东	354599	377420	210831	11109	1692	2631148
广　西	12816	14723	3269	334	17	78141
重　庆	51418	55898	28587	1988	241	440823
四　川	19624	28478	14876	923	322	186898
贵　州	2947	2259	1387	58	14	37789
云　南	7118	6994	2591	193	22	73796
陕　西	54056	34666	15516	1321	137	342304
宁　夏	4407	4227	1500	111	35	77426

资料来源：《中国高技术产业统计年鉴 2016》《中国高技术产业统计年鉴 2017》，分别对应 2015 年和 2016 年的数据。

二 DEA 实证结果分析

2016 年我国 26 个省级行政单位医疗仪器设备及仪器仪表制造业技术创新效率结果见表 7 – 13。表 7 – 13 按照综合效率自高而低排序。

表 7 – 13　2016 年医疗仪器设备及仪器仪表制造业技术创新效率分析结果

排　名	省　份	综合技术效率	纯技术效率	规模效率	规模报酬
1	安　徽	1	1	1	C
1	吉　林	1	1	1	C
1	四　川	1	1	1	C
1	宁　夏	1	1	1	C
5	湖　南	0.950815	1	0.950815	D
6	贵　州	0.934057	1	0.934057	I
7	浙　江	0.783158	1	0.783158	D
8	江　苏	0.765653	1	0.765653	D
9	黑龙江	0.758759	1	0.758759	D
10	江　西	0.733313	0.763893	0.959969	D
11	辽　宁	0.720717	1	0.720717	D
12	湖　北	0.688101	0.831185	0.827855	D
13	北　京	0.597396	0.879436	0.679294	D
14	云　南	0.590107	0.595381	0.991143	I
15	陕　西	0.519371	0.537349	0.966542	D
16	重　庆	0.518688	0.568667	0.912112	D
17	上　海	0.511338	0.90082	0.567636	D
18	山　西	0.485486	0.744956	0.651697	I
19	广　东	0.483058	1	0.483058	D
20	河　北	0.480638	0.499574	0.962097	D
21	广　西	0.412939	0.427016	0.967035	D
22	福　建	0.412644	0.459909	0.897229	D
23	山　东	0.362018	0.528977	0.684374	D
24	河　南	0.351350	0.376466	0.933283	D
25	天　津	0.339728	0.413611	0.821370	D
26	内蒙古	0.078157	0.732526	0.106696	I

注：C 代表规模报酬不变，I 代表规模报酬递增，D 代表规模报酬递减。

资料来源：笔者根据分析结果整理所得。

从综合技术创新效率来看，26 个省级行政单位中，除安徽、吉林、四川、宁夏 4 个省级行政单位之外，22 个省级行政单位处于无效率的状态。

从纯技术效率来看，安徽、吉林、四川、宁夏、湖南、贵州、浙江、江苏、黑龙江、辽宁、广东 11 个省级行政单位的纯技术效率有效。对于湖南、贵州、浙江、江苏、黑龙江、辽宁、广东这 7 个纯技术效率处于前沿的省份来说，优化规模效率是提升综合技术效率的重要途径。对于河北、广西、福建、山东、河南、天津这些纯技术效率较低的地区，要以提升管理水平和技术应用水平为主提升纯技术效率，辅之优化投入规模。

从规模效率和规模报酬来看，除安徽、吉林、四川、宁夏 4 个省级行政单位外，其他地区均为规模效率无效；且无效决策单元中，只有贵州、云南、山西、内蒙古处于规模效益递增的阶段，说明提升这 4 个省级行政单位的创新综合技术效率，可以通过继续提升规模效率和规模报酬来实现，而其他省级行政单位均已处于规模效益递减的状态。

第四节 能力评价结果与效率评价结果的比对分析

本节综合技术创新能力评价和效率结果，对我国医疗仪器设备及仪器仪表制造业地区间的技术创新水平进行综合分析。

一 分地区能力评价结果与效率评价结果比对

将 26 个省级行政单位医疗仪器设备及仪器仪表制造业的技术创新能力与效率排名进行比较分析，以进一步寻找其中的特征和规律。26 个省级行政单位的技术创新能力和综合技术效率排名情况及二者的差异见表 7 – 14。

表 7－14　分地区技术创新能力和创新综合技术效率排名情况

省　份	技术创新能力排名	技术创新效率排名	排名差异
北　京	2	13	－11
天　津	1	25	－24
河　北	21	20	1
山　西	11	18	－7
内蒙古	19	26	－7
辽　宁	22	11	11
吉　林	26	1	25
黑龙江	7	9	－2
上　海	12	17	－5
江　苏	5	8	－3
浙　江	3	7	－4
安　徽	8	1	7
福　建	10	22	－12
江　西	24	10	14
山　东	17	23	－6
河　南	23	24	－1
湖　北	14	12	2
湖　南	16	5	11
广　东	4	19	－15
广　西	18	21	－3
重　庆	6	16	－10
四　川	20	1	19
贵　州	25	6	19
云　南	13	14	－1
陕　西	9	15	－6
宁　夏	15	1	14

　　注：排名差异计算方法为技术创新能力排名减去技术创新效率排名，如果得出负值代表前者排名比后者排名靠前。

　　资料来源：笔者根据分析结果整理所得。

二　比对结果的地区特征分析

根据我国医疗仪器设备及仪器仪表制造业分地区技术创新能力和综

合技术效率排名差异，将 26 个省级行政单位的差异情况进行进一步分类。将二者排名差异在 5（包括 5）以内的地区定义为差异较小的地区，将二者排名差异在 6～10（包括 6、10）的地区定义为差异较大的地区，将二者排名差异在 11 以上的（包括 11）的地区定义为差异大的地区。分类结果见表 7－15。

表 7－15　26 个省级行政单位排名差异情况

类型	差异度	省　份
较小	差异在 5（包括 5）以内的地区	河北、黑龙江、上海、江苏、浙江、河南、湖北、广西、云南
较大	差异在 6～10（包括 6、10）的地区	山西、内蒙古、安徽、山东、重庆、陕西
大	差异在 11 以上的（包括 11）的地区	北京、辽宁、福建、江西、湖南、广东、宁夏、天津、吉林、四川、贵州

资料来源：笔者根据数据分析结果整理所得。

　　差异在 5（包括 5）以内的地区中，河北、河南、广西两项指标排名均靠后（以两项排名均在 15 以后为标准）；安徽、江苏、浙江、黑龙江属于排名均较为靠前（以两项排名均在前 10 为标准）的地区。

　　吉林、四川、宁夏这 3 个创新综合技术效率有效的省级行政单位均处于差异大的类型，安徽属于差异较大的类型。根据技术创新能力评价结果（见表 7－11）来看，宁夏、四川属于较弱地区，吉林属于弱的地区，这些技术效率领先的地区基本上属于技术创新能力处于下游水平的地区，呈现出倒挂特征。安徽省在技术创新能力水平中按照黄金分割原则属于强势地区，在技术创新效率评价中处于有效状态，其医疗仪器设备及仪器仪表制造业发展潜力值得关注。

　　医疗仪器设备及仪器仪表制造业技术创新能力处于第一梯队的 8 个省份为天津、北京、浙江、广东、江苏、重庆、黑龙江、安徽，综合技术效率排名分别为第 25、第 13、第 7、第 19、第 8、第 16、第 9、第 1位。从差异度来看，天津、北京、广东处于差异大的梯队，重庆处于较大梯队，这些地区体现出一定技术创新能力和技术创新效率倒挂的特征。

　　综合比较各省级行政单位的技术创新能力和创新效率，可以看出，安徽、江苏、浙江、黑龙江是医疗仪器设备及仪器仪表制造业技术创新水平较高的地区，在创新能力和创新效率上的表现都较为出色。

三 区域发展启示

从创新能力上来看，具有高技术特征的装备制造业创新能力区域分布已经开始打破传统的东部地区独大的特征。虽然从能力的绝对差距上看，中部、西部和东部的差距依然明显，东部省级行政单位在第一梯队中仍有绝对优势。但值得关注的是，第二梯队中，中部、西部城市大量涌现。近年来，中部、西部地区对于高技术装备制造的支撑能力大大提升，涌现出一批具有较强创新能力的城市和省份，是我国区域创新能力的一个重要变化。对于处于不同发展阶段、具有不同发展特征的产业来说，电子及通信设备制造业发展较为成熟，正处于产业转移的阶段；而医疗仪器设备及仪器仪表制造业处于初期发展阶段，在发展布局上已经出现了较为均衡的局面。

对于已经高速发展了一个时期的电子及通信设备制造业来说，东部创新能力较强的省份普遍出现了创新效率较低、创新能力与创新效率倒挂的现象；医疗仪器设备及仪器仪表制造业这一特征则相对弱化，但也出现了苗头。当前在推动技术创新能力提升的过程中，要避免区域间发展的一哄而上，从粗放型投入向更加重视人力资源支撑、原始创新能力、产品转化能力支撑转变，优化创新路径，提升产业创新的整体水平。

第五节 本章小结

本章利用 2016 年的数据对医疗仪器设备及仪器仪表制造业技术创新水平进行了分地区（共包括 26 个省份）实证分析。对医疗仪器设备及仪器仪表制造业技术创新能力的实证分析结果显示，产学研合作成为决定不同地区技术创新能力的关键要素之一。相较于电子及通信设备制造业，医疗仪器设备及仪器仪表制造业技术创新能力的区域分布更为均衡。技术创新能力强省依然集中在东部地区，占据第一梯队 8 席中的 5 席，中部、西部、东北地区各有 1 个省份进入第一梯队。第二梯队中的省份分布更为均衡，东部、中部、西部和东北地区各有 2 个省份进入第二梯队。技术创新能力弱的地区也是集中在中部、西部地区和东北地区，但东部地区也同样有较弱和弱的地区。从综合技术效率来看，安徽、吉林、四川、宁夏 4 个省级行政单位处于医疗仪器设备及仪器仪表制造业创新综合技术效率前沿，22 个省级行政单位处于无效率状态。综合比较各省级行政单位的技术创新能力和创新效率，可以得出以下结论：一是安徽、江苏、浙江、黑龙江是医疗仪器设备及仪器仪表制造业技术创新水平较高的地区，在创新能力和创新效率上的表现都较为出色；二是技术效率领先地区和技术创新能力领先地区呈现一定程度倒挂的特征。

从电子及通信设备制造业和医疗仪器设备及仪器仪表制造业创新水平实证分析结果来看，具有高技术特征的装备制造业创新能力区域分布已经开始打破传统的东部地区独大的特征。近年来，中部、西部地区对高技术装备制造的支撑能力大大提升，涌现出一批具有较强创新能力的城市和省份，是我国区域创新能力的一个重要变化。同时，对于已经高速发展了一个时期的电子及通信设备制造业来说，东部创新能力较强的省份普遍出现了创新效率较低、创新能力与创新效率倒挂的现象；医疗仪器设备及仪器仪表制造业这一特征相对弱化，但也出现了苗头。

第八章

政策建议

本章重点就提升我国装备制造业技术创新水平，从政府的角度出发，给出相关政策建议。通过总结归纳装备制造业强国创新政策的经验，结合第四章到第七章的实证分析结论，提出提升我国装备制造业技术创新水平的政策建议。

第一节　装备制造业强国创新实践

本节选取美、德、日、韩四个国家，进行装备制造业技术创新的经验探讨。选取这四个国家的原因：一是这四个国家装备制造业在全球居于领先地位，二是这四个国家的技术创新路径具有典型的代表性。美、德属于传统的装备制造业强国，具有较好的技术创新基础和创新文化；日、韩则属于典型的后进型国家，在产业技术创新上实现了从模仿到再创新的超越，形成自己的技术优势，在全球装备制造业中占据重要席位。

一　美国："领先型"发展模式

美国装备制造业的发展主要依靠技术创新的支撑，增加产品附加值，以生产高附加值产品为主要方向，处于绝对领先水平。美国政府采取了以技术和研发为主，辅以资金、财税、贸易等相关支持政策的发展战略，走出了一条通过提高研发创新能力来提升产业竞争力的创新道路。

（一）在产业创新网络中，企业的核心主体作用较为突出

装备制造企业在美国产业技术创新网络中发挥了十分重要的核心作用。政府在尽可能少地干预市场行为的框架下，不断推动创新活动。企业自身高度重视技术创新，美国企业尤其是大企业都设有自己的研究机构，一些企业的研究机构成为基础创新成果的摇篮。关于重大科技项目的研发公关，美国政府也多采取和装备制造业企业进行产学研合作联合攻关的方式，以自主创新为蓝图推动"先进技术计划"，突破关键技术。

（二）推动产学研紧密结合，研发成果产业化渠道顺畅

为了提升自主创新能力，增加装备制造业产业竞争力，抢占高科技制造制高点，美国政府和装备制造企业大力推动产学研对关键技术的联合攻关。大学与企业紧密合作，一大批高科技密集区涌现出来。金融危机发生之后，美国政府推出创新网络计划，将企业生产与大学研究结合起来，加速科研成果的转化。

科研合同制是美国政府促进技术创新的有效手段。科研合同制是指事关国家公共利益的重大科研项目，由政府牵头，与科研机构、科研人员签订科研合同，完成重大技术攻关，包括波音747、星球大战计划等都是通过这种方式完成的。科研合同制从多方面促成了重大技术创新，一是为科研单位提供了大量、稳定的科研经费，并为科研成果的应用提供了稳定、可预期的市场；二是将科研和生产紧密结合起来，使最新技术创新成果能够迅速应用于生产实践。

美国创新法案高度支持技术的商业化、产业化应用，如《国家技术转让与促进法》《技术转让商业法》《联邦技术转让商业化法》《拜耶－杜尔专利商标法案》等。这些法案都直接以法律的形式，为新技术到新产品转化打造了良好的制度环境。

（三）有效激发中小企业创新活力

美国政府对处于幼稚阶段的中小微企业进行重点扶持。通过"制造技术推广伙伴计划""小企业技术转移计划"等，推动技术向中小企业转

移。1958 年，美国颁布《小企业法》，明确规定小企业管理局（SBA）为永久性联邦机构，该机构的设立提高了中小企业技术创新的成功率。SBA 作为全国性中小企业服务机构，在技术创新指导和咨询、贷款担保、直接提供风险资金、获取政府部门研发合同项目等方面为中小企业技术创新提供了大量帮助。20 世纪 70 年代中后期开始，大量企业孵化器为处于初创期的技术型中小企业成长提供办公地点、实验空间、设备和仪器、风险投资等条件，有效降低了小企业创建风险，一些孵化器的成功率高达 80%。

（四）不断完善专利制度

早在 1790 年，美国议会就通过了第一部专利法，1802 年专利局成立。经过 200 多年的发展，美国专利制度日趋完善，已经成为保护创新成果、激励创新行为的有效手段。美国专利制度的突出优势包括以下三个方面。一是实用性强。美国专利商标局会根据产业发展的实际需要，起草专利制度实施细则，并向公众广泛公布，征询多方人士意见，包括社会公众、专业律师、企业代表等，以增强专利相关制度对现实需求的针对性。二是更加重视发明人权益。为了有效保护发明人利益，在美国专利制度下，专利不是授予第一个申请人，而是授予第一个发明人。三是加大保护力度。美国专利制度覆盖范围日益扩大，对侵权行为的处罚力度也很大，并且配合严格的司法、执法，极大地提高了侵权成本，成为专利权人维护自身权益的有力武器。

二　德国：官产学研，四位一体

德国同样也是传统的装备制造业强国，具有较好的技术创新基础和创新文化。但与美国相比，德国政府对推动创新的态度更为积极，官产学研结合更为密切。

（一）官产学研紧密合作

在政府资助和推动下，结合企业、社会机构研究单位、教育部门，共同组成合作研究组织，通过技术传播网络和教育培训系统等，形成德国特色的装备制造业创新模式。这一组织网络的核心机构包括以下四种。

一是工业合作研究协会。按德国装备制造行业部门而成立的工业合作研究协会，主要作用包括咨询协调，确定各协会成员企业的科研需求，协会独立完成或聘请其他科研机构完成科研项目，并将科研成果向会员企业宣传推广，结合实际预测产业技术和市场变化趋势，向联邦政府、州政府或国家政府直接或间接提出有关研究政策的意见和建议、调查。

二是合同研究机构。合同研究机构是德国装备制造业最主要的科研机构之一，通过这些研究机构，把理论知识和产业应用研究联合起来，为企业特别是中小企业实现自主创造创造必要条件。这类机构通常是由装备制造行业的私营企业工业联合会、政府机构工业合作研究机构和企业与政府的联合机构主办，由政府、企业学术代表组成研究机构的管理层，并决定旗下研究所的研究方向。研究重点通常是工业创新问题，侧重于应用研究，政策性资助起到了有效的资金支撑作用，企业可以用较低资本，获取新技术和新生产工艺。

三是高等技术院校。高等技术院校为装备制造企业培养专业技术人员，提升产业自主创新能力。高等技术院校与企业紧密相连，主要功能是为制造企业提供咨询服务并解决问题，提供解决问题的思路与方法。

四是转让中心。高等院校通过转让中心向装备制造业进行技术成果转让，这个转让中心在向高校和科研机构提供一些技术需求信息的同时，充分挖掘具有自主创新意义的技术潜能，综合高校和科研机构的研究成果，将其介绍到相关企业中去，实现官产学研相结合。

（二）政府着力建立庞大的技术传播网络，推动前沿技术创新

德国政府成立了德国研究技术和创新委员会，通过这个委员会布局科研网络，将高等院校和科研机构连接成高速运转的整体网络。此外，还有各工业联合会、工商联合会、地区性技术转让中心和创新中心等，这些机构和部门构成高效的技术传播网络，大大降低了德国装备制造业企业的信息成本，使企业获得创新成果变得更加容易和便捷。"工业4.0"的思路也是致力于以标准化为先导，推进不同公司间的网络连接和集成。

政府直接介入基础研究，大力支持独立科研活动。由政府资助的弗

劳恩霍夫协会、马克思普朗克学会、海姆霍兹联合会等下属研究所集中了德国最优秀的科研人员、顶尖的科研设备，从事前沿基础科学研究。并且这些科研机构大都与工业界有着紧密合作，研究人员可以创办自己的公司，将科研成果商业化。

（三）培育专业"小巨人"企业

德国政府非常重视对中小型企业创新活动的支持，例如德国"中小企业创新核心计划""ERP创新计划"等都集中针对中小企业创新进行扶持。通过建立高科技产业集群，减少自主创新项目的审批程序，加强融资等优惠政策，德国出现了一大批"小巨人"企业，在专业装备制造细分行业做到世界第一。

（四）双元制职业教育体系为产业技术创新输送大量专业人才

德国双元制职业教育体系为装备制造业培养了一大批具有高职业素养的职业工人。双元制是指接受职业教育的学生，既在学校接受理论教育，同时每周有大量时间以学徒身份在企业实习；实习培训结束后，通过严格考试的学徒，能成为这些企业的正式员工。通过教育培训系统的有效运行，大大提高了德国制造业企业的劳动生产率，降低了其生产成本和技术成本，保证了产品质量。这种理论实践相结合的教育模式和严格合理的职业培训，是德国装备制造业持续保持活力的强大保障。

三　日本：引进-应用-超越的创新模式

二战后，日本通过将发达国家先进技术引进消化吸收创新来替代进口，并由此形成比较成本优势，进而推动装备制造业的整体提升。日本企业并没有将自主创新停留在模仿这一步，而是将引进技术，结合本国产业特点应用到极致，实现对国际先进技术的改进和超越，这也是引进-应用-超越模式的核心本质所在。

（一）在引进技术的基础上进行再创新，形成自身的特色技术

二战后，日本装备制造业百废待兴，缺少自己的技术。日本企业大

量引进欧美先进技术，解决自身的技术荒难题。但日本企业并没有停留在引进这一步，而是将引进技术在企业创新平台上进行深度分解，对各种技术以组合应用的方式将部分关键技术进行再创新，并且不断以市场为导向进行修正，直到市场接受为止。这样一来，虽然日本装备制造业很多技术源自欧美，但最终能够实现应用超越，在技术竞争力上甚至超越欧美企业。

（二）高度重视教育

日本政府将教育视为产业发展的基石。2008 年金融危机之后，日本政府更是将教育作为制造业振兴的核心抓手，制定了一系列提升教育对技术创新作用的政策，一是政府对学校提高人力资源素质方面的行为提供资助；二是着力提升优化科研环境，例如完善基础设施建设，提升科研工作环境，帮助女性研究人员解决生育、育儿和照顾老人等问题。

（三）立法推动装备制造业发展

二战后，为振兴本国装备制造业，日本政府通过大量立法，保证产业政策的落实。《机械工业振兴临时措施法（1956）》《电子工业振兴临时措施（1957）》，推动了日本装备制造业走向复兴。1971 年，日本政府通过了《振兴特定电子工业及特定机械工业临时措施法》，专门扶持汽车产业和计算机产业的发展。20 世纪末，《制造基础技术振兴基本法》颁布，有效改善了税收政策，企校院所合作进一步加强，确保有丰富经验的技术工人不流失。

（四）实施有效的金融财税政策

日本政府扶持装备制造业采取的主要财税政策包括税收减免、政策性贷款和政府补贴。税收减免是对企业符合要求的设备提供特别折旧，对实验设备的改造提供补贴。日本政府引导金融机构向企业注资，对市场占有率高、经济规模大、产品技术水平高的装备制造业实行优惠贷款。据统计，在日本重化工业高速发展时期，企业设备投资所需资金的一半以上是来自以长期信用银行为首的大银行。政策性贷款方面，日本开发银行 1951 年设立了"新技术企业化贷款"，经过一步步完善，形成了"国产技术振兴资金贷款制度"。考虑到中小企业缺乏资助和政策优惠，日本政府出台了一系列税收等优惠政策，如 1988 年出台的《中小企业创新研究制度》。

四 韩国："追赶型"发展模式，从模仿创新到主动创新转型

从 20 世纪 50 年代到 90 年代，韩国完成了工业化进程，实现了由一个落后的农业国向新兴工业化国家迈进的历史性转变。目前韩国已经成为装备制造强国，尤其是 1997 年亚洲金融危机之后，在较短的时间内韩国就实现了经济发展方式的转型。韩国作为后期工业化国家，在技术创新方面没有先天优势；但韩国善于利用国际资源，非常重视引进技术的消化吸收和再创新，注重技术人才培养，加上产业结构的合理配置，装备制造业实现高速发展。

（一）以提升国产化程度为最终产业发展目标引进先进技术

韩国装备制造业自主创新是从模仿创新开始的，这通常也是后发国家采取的基本战略。通过干中学，韩国企业掌握一定的生产技术，并不断为适应市场需求进行技术改进，最终转化为韩国企业的自主创新能力。例如韩国的核设备，通过引进先进技术和加快设备国产化，使其国产化达到国际先进水平。韩国政府对技术引进进行严格的控制和考核，政府只允许引进关键技术，然后进行消化吸收，再创新。对每一项技术都制定相应的消化吸收目标，政府组织专业机构定期进行检查，及时总结经验、发现问题。

（二）有力的财税支持大幅降低了技术创新企业的负担

财税政策是韩国政府促进企业技术创新的重要手段。一是建立韩国技术准备金制度。企业可提取总收入的 3% ~5% 作为高技术开发准备金，在投资发生前作为损耗计算。该制度对准备金的使用做了严格规定，要求自提留之日起 3 年内，资金使用在与技术创新相关的开发、培训、设

施购买等用途上。二是对研发费用规定大幅的税收扣除和研究设备加速折旧。对技术开发、人才培训、企业专职研究人员经费、研究材料费用等与技术创新相关的费用，可享受企业所得税税前扣除。企业引进技术费用，包括专利权、使用费等可以在 5 年内免税。企业技术研发机构购买的实验设备投资，国产按照 70%，非国产按照 50% 进行加速折旧。

（三）大小企业协同创新，推动集群化创新

培育创新集群是韩国装备制造业获得国际竞争力的重要路径。近年来，在政府的支持下，以及大公司大规模研发预算投入下，韩国创新集群化特征不断加强。以大企业为核心，大量小企业围绕大企业形成了紧密的协作关系，构成卫星式创新集群。20 世纪 90 年代以来，韩国大企业主动将加强与关联中小企业的协作关系作为实现自主创新、摆脱对国外零部件依赖的主要途径。大企业对中小企业进行技术指导，形成各有分工、优势互补的"产业技术研究组合"，提高了整个产业的技术创新效率。

五　装备制造业强国实践对我国的启示

美、德、日、韩四国政府均把创新作为本国装备制造业发展的基石，这些国家推动装备制造业技术创新的政策实践有以下几点值得我国借鉴。

一是政府要在推动装备制造业技术创新中大有可为，关键在于如何干预，明晰干预的切入点和手段，处理好政府干预和市场发育之间的关系，为整个产业的创新提供良好的支撑和促进。

二是根据自身所处阶段，明确产业创新政策导向。四个国家处于不同的发展阶段，装备制造业创新基础各不相同，因此，推动产业技术创新政策的侧重点也有所不同。美、德装备制造业以推动原始创新为核心，日韩则更倾向于选择技术引进再创新模式。美国的创新网络中，从研发到孵化的市场化程度很高，这与其高度市场化的产业发展环境密不可分。德国则是政府引导、稳步发展、多方参与。日、韩则基本形成以大企业为龙头、大中小企业紧密配合的创新链条。

三是以法治形成稳定的创新环境。从各国支持鼓励产业创新的方式

来看，支持政策多以立法的形式存在，这样有利于形成市场主体创新的稳定预期。政府在事关装备制造业长远发展的基础创新上舍得投入、主动作为。

四是夯实人才支撑。人才是事关装备制造业技术创新的核心微观要素，各国都把人才作为宝贵财富。从装备制造业技术创新的实际需求来看，既需要具有创造性、发散性思维的高端科技人才，也需要愿意将前沿技术产业化、商业化的企业家，还需要具有专业素质的职业技术工人。

五是打通从新技术向新产品转化的渠道。各国都主动关注装备制造业发展前沿和创新趋势，推动前沿技术高效投入产业生产实践中去。通过严密清晰的产权保护制度、有利于降低企业创新成本的财税制度、政府有导向的采购制度等方式推动本国装备制造业创新成果的产业化。

六是高度重视中小企业在装备制造业创新链条中的作用。这些国家都高度重视中小企业在提升装备制造业创新活力、形成上中下游有效配合的创新链条中的作用，大力支持中小企业的发展。

第二节　提升我国装备制造业技术创新水平的政策建议

通过我国装备制造业技术创新水平实证分析结果可以知道，当前我国装备制造业技术创新水平提升的主要障碍有以下几点。一是不利于企业发挥核心主体作用的问题，包括政府与市场的关系混乱；产业组织形式落后，小企业生存环境艰难；与装备制造业技术创新配套的生产性服务业不发达；创新准入门槛仍然较高，创新扶持政策的精准性不足；政府采购没有起到有效支持国内装备制造业升级的作用；等等。二是不利于资金流向实体经济创新的问题，包括资本市场发育和担保机制不健全；"虚""实"制度供给不平衡；税费负担过重；等等。三是不利于产学研转化的障碍，包括企业没有在产学研链条的有效运作中发挥主要的牵头引领作用；传统的科研成果评价机制不适应装备制造业发展的产业要求；科技中介不发达；部门之间的壁垒，导致科研院所成果向产业转化受阻；

等等。四是不利于发挥人力资源活力的障碍，主要包括企业人才引进制度性红利没有得到实质性发挥；职业教育体制无法满足装备制造业创新转化对高质量产业工人的需求；公立机构的科研人员缺少对自身科研成果的支配权；科学家角色与企业家角色混淆，没有能够有效发挥不同主体的优势。五是不利于原始创新的障碍，主要包括知识产权保护不到位；基础创新没有有效支撑装备制造业产业创新需求；等等。六是经费投入重点有待优化。针对以上问题，对提升我国装备制造业技术创新水平提出以下建议。

一 强化企业在装备制造业产业创新中的核心主体地位

从技术创新能力实证结果来看，企业参与装备制造业产业创新的能力是关系我国装备制造业技术创新能力的核心因素。企业也是创新成果产业化的主体，新产品转化能力是技术创新效率的第二敏感要素。因此，企业参与产业创新的能力对于提升装备制造业创新的技术创新能力和技术创新效率都有重要意义，提升装备制造业技术创新水平的首要任务在于强化企业创新核心主体地位，提高企业创新自主性。

（一）引导企业构建现代企业制度

现代企业制度是产业技术创新生存和转化的基础，这就要求我国装备制造企业加快构建现代企业制度，优化技术创新存在的企业环境。深化国有企业改革，打破行政命令管理模式，积极与市场对接，建立以市场为导向的企业技术创新激励机制。引导民营企业打破传统的家族式经营模式，优化法人治理结构，加快建立信息化、规模化、网络化、国际化经营新机制。

（二）高度重视中小微企业发展，增强装备制造业创新链条的活跃度

从强国发展经验来看，装备制造业产业创新是产业内大中小企业协同创新、共同提高的结果，仅仅依靠少数企业难以推动整个产业的创新升级。中小微企业在产业技术创新供给中具有创新效率高、反应速度快、

创新接受程度高、应用化程度高等特点。鼓励引导产业内的龙头大企业建立起对配套中小微企业的技术转移辅导和合作制度，从而将大企业的引领作用和中小微企业的灵活性、专业性结合起来，推动中小微企业为大企业提供有效的配套支撑，实现有利于共同创新的创新集群，实现产业内企业协同创新。进一步完善对中小企业的财政担保机制，降低中小企业获得银行贷款的难度。

（三）为企业融入全球生产网络保驾护航

我国装备制造业产业创新已经不可能脱离国际市场，国际市场的变化、国际贸易关系的变化都对我国装备制造业发展产生重要影响。政府应打造国际装备制造业创新前沿的公共信息服务平台，面向企业开放，以便企业及时获取国际前沿的行业信息。依托政府间或非政府间的国际组织平台，为我国装备制造业企业开展国际合作拓宽范围、提升层次创造条件。加快围绕"一带一路"战略布局，抓住机遇，建立完善装备制造业对外投资合作的支持措施。政府可以以购买服务等多种形式，积极帮助企业在参与全球生产链、创新链过程中解决所遇到的不公平、不公正问题，保障企业合法权益。

（四）推动各类产权平等保护，打造良好的企业家文化

把平等的产权保护作为企业家的定心丸，将其作为提升企业家创新信心、踏实做实业的重要突破口。特别是要对私人财产权利坚持平等保护原则，保障企业家财富安全，保障企业家的创新回报。坚持对企业财产的查封，必须经过具有司法权力的机构授权，且司法机构要以立案为标准。从当前的装备制造业发展现实来看，加快推动形成良好的企业家文化，特别是要树立尊重和推崇实业企业家的社会氛围，从而激发实体经济中的企业家精神，发挥企业家才能。加快发展装备制造业行业协会，通过行业组织打造企业家交流学习的平台。

二 推动政府职能转变，打造良好的创新生态

围绕有利于提升创新资金投入能力、有利于提升创新产品转化能力、

有利于推动原始创新和境外技术再创新，推动政府职能转变，打造良好的产业创新生态。

（一）转变政府参与产业创新的理念，打造有利于产业创新的政策生态

从装备制造业强国经验来看，政府有效推动装备制造业产业创新的前提和基础是明确政府参与产业创新的职能边界。政府重点从装备制造业产业创新链的上游，即具有很强正外部性的新知识的创造环节参与产业创新；低于中下游环节，即新技术、新产品的诞生环节，政府主要致力于打造有利于创新产品生产的制度环境。根本上改变政府参与产业创新的理念，由政府"定项目、拨经费"的管理方式，向更加尊重"市场在资源配置中的决定性作用"、尊重企业家权利、发挥企业创新核心主体作用的创新治理模式。转变经济政策适用理念，落实竞争政策在经济政策体系中的基础地位。明确选择性政策使用边界，对于竞争性领域，加快弱化选择性产业政策的使用，对存量选择性产业政策有序清理，原则上最大限度地减少政府行为对市场的扭曲。在使用产业政策过程中，加强功能性产业政策的使用，提高政策对全行业的普惠性。

（二）推动公平高效准入，缩短创新应用周期

合理的准入管理是推动产业创新成果商品化、产业化的重要环节，是提升我国装备制造业技术创新效率的必然要求。当前，要进一步优化新技术、新产品、新商业模式的准入管理模式，坚决废除非必需的行政审批手续，全面取缔红顶中介，最大限度地减少审批环节、压缩审批流程。政府相关部门提高服务意识，提升对新业态的监管能力，切实做到"轻审批、强监管、重服务"，进一步缩短企业获取专利、创新成果投入到生产、应用环节的时间，为企业获得市场领先优势争取宝贵时间，提升创新回报的含金量。

（三）以支持国产设备技术创新为导向加大政府购买力度

政府购买是拉动创新产品需求的有效手段，能够在提升需求的同时

最大限度地减少对政府的干扰。以鼓励我国装备制造业加快创新为导向，政府采购加大对本国装备制造产品的购买力度，增强政府采购对技术创新应用的支持力度。政府在采购过程中，要坚持以产品技术论高下，以产品质量论优劣，彻底打破唯国外技术至上的迷思；且在技术效果基本一致的情况下，应优先采购国产产品。

（四）政府主导，强化产业共性技术研发

明确装备制造共性技术研发的主要保障责任在政府，依此调整政府对装备制造业创新的资金投入结构，提升对装备制造业共性技术研发的投入力度，降低企业进行产业技术创新的难度，提升产业创新效率。政府牵头，推动龙头企业、高校科研院所、政府相关部门等共同参与，建立股份制行业共性技术研发中心。促成中科院等国家级科研院所更加积极与企业对接，了解企业在生产过程中的创新需求，使企业能够更加通畅地获取科学技术成果。

（五）鼓励技术引进再创新与原始创新双向推进

从实证分析结果来看，引进技术成果对我国装备制造业技术创新仍然具有重要影响。承认我国产业核心技术落后的现实，产业创新政策制定过程中要坚持鼓励延续性创新与颠覆性创新双向推进原则，片面强调某一种创新都是不符合我国国情的。特别是，一些国际上已有但我国仍处于空白状态的技术研发也应归于创新类产品，给予支持，这样有利于弥补我国装备制造业的技术空白。

（六）加快推动产业间协调发展

从目前我国装备制造业相关政策的关注重点来看，主要在于关键技术和制造高点的突破。关注关键技术和制造高点本身并无问题，但是因此而忽略了产业整体生产效率的提高则与我国的发展实际不相符。我国装备制造业中传统产业占比仍然较高，传统产业升级同样不容忽视。若只关注一头，不免有顾此失彼之嫌。下一步应积极推动装备制造业中不同行业的融合。政府可以牵头打造平台组织，以支撑不同行业间的交流

合作。加大对传统产业升级技术创新的支持力度，特别是对创新成果进行扶持时，要不以行业分高下，而以技术论英雄。

加快推动装备制造业与生产性服务业融合。优化对生产性服务业的准入管理，进一步简化准入程序，取消不必要的前置审批程序和资质认定。推动不同性质的社会资本的公平准入。坚持开放包容的理念，扩大生产性服务业开放程度，吸纳更多的国外先进生产性服务业主体，推动我国生产性服务业市场供给水平的整体提升，加快与国际市场接轨。鼓励引导银行探索允许生产性服务业企业进行动产抵押，帮助企业利用知识产权质押、仓单质押等多种方式满足融资需求。

三　优化资金支撑环境，夯实装备制造业创新的资金基础

（一）进一步优化税费制度，为创新型企业腾出创新投入和收益空间

梳理针对企业的各种形式的收费、基金项目，将适合改为税收形式的改为税收形式；清理以垄断性中介收费为代表的不合理的行政事业性收费。进一步完善营改增抵扣制度，特别是要对技术创新成本高、风险大又事关国计民生的装备制造加大抵扣力度。进一步完善对高新技术企业认定办法，将更多创新企业纳入税收优惠范围。允许某些尖端技术和产品研发企业在财务上提取科技研发风险准备金、新产品试制准备金以及亏损准备金等。在企业创新带来亏损的情况下，加大其减免税支持力度，允许用其前几年利润来弥补亏损，减轻企业所得税负担。切实降低初创期中小微企业的税收负担，扩大减半征收企业所得税范围，使更多的中小微企业能够享受这一福利。

实施有利于吸引创新型人才的个人所得税制度，具体包括全国范围内推广股权奖励分期缴纳个人所得税制度。对优秀科技人才部分所得实行个税优惠政策，包括对因取得科研成果获得的奖金、安家费、科研费、津贴等考虑可以免征其个人所得税。对企业给予其高级科技人才股息红利时，可对这部分收入减半征收个人所得税。

（二）坚决扭转资金脱实向虚，引导资金流入实体

按照中央的部署，坚决按照"房子是用来住的，不是用来炒的"的定位，对房地产的投机投资行为进行遏制。严把信贷流向关，严格控制房地产产业对于信贷资金的占用比例。加强金融监管，禁止和防范金融资源体内循环现象。对绕过银行间拆借市场，在线下地下，进行表外同业资金拆借的行为坚决予以取缔。调整政策引导方向，在鼓励新的商业模式创新的同时，坚持对虚拟经济的监管。对以发展实体经济为名获取的资金，严格控制流向，禁止流向虚拟经济领域。对待金融衍生品的创新产品，要加强监管，提升监管水平和能力，着力打破虚拟经济自我循环机制。

（三）强化并优化财政资金支持渠道，调整研发投入支持方向

转变传统"撒胡椒面"式的资金投入方式，做到有针对性地投入，将经费投入的重点更多地向新产品转化环节和人力资本培育上，以提升整个产业的创新效率。设立装备制造业重大技术创新专项引导基金，按照市场机制的要求管理、运作专项基金。基金主要用于支持引进技术消化并吸收和再创新、重大技术装备的应用推广。加强政策性金融工具对于装备制造业产业创新的支持作用，借政策性金融工具之力引导商业银行向创新型装备制造业企业提供贷款。优化担保机制，建立专门的资金池，用于支持有发展前景的中小装备制造企业。转变财政资金使用方式，从政府选拔型支持模式向普惠型支持模式转变。

（四）引导银企有效对接，建立多层次资本市场体系

发挥国有银行的作用，鼓励金融机构提供普惠性金融服务。建立银企对接信息平台，帮助装备制造业企业及时与金融机构进行信息沟通，实现金融资源供需之间的对接。加快建立完善满足不同融资需求的资本市场，形成多层次、广覆盖、灵活高效、安全可靠的资本市场。规范和发展股权和债券市场，助推企业创新从资本市场募集资金。培育并规范私募股权基金、创业投资基金等各式各样的投资基金，引导社会资本支

持装备制造业创新。

四 从创新教育抓起，夯实人才基础

人力资源情况对于我国装备制造业技术创新能力提升和技术创新效率提升都具有重要影响，从根源上提升我国装备制造业技术创新人力资源储备和投入水平是提升整个产业技术创新水平的有效举措。

（一）高度重视创新教育

教育是从根本上解决创新精神缺失问题的途径。个体创新能力的形成非一朝一夕之事，创新教育也不仅仅是高等教育阶段的任务。创新理念要从娃娃抓起，从基础教育开始贯彻。在教育体系设计的过程中，要注重对发现精神、创新理念的培养和灌输。在全社会形成重视创新教育、鼓励自由思考、突破限制的教育氛围。从中央层面加快推动教育体制改革，探索创新型人才培养机制，强化产业创新的人才基础。

（二）完善人才管理、评价、流动和配置机制，保障科研人员无后顾之忧

推动人才管理体制改革，打破不利于人才流动的政策性壁垒，弱化行政性干预，尊重以市场为导向的人才流动。优化技术人员职称评定机制，根据装备制造业不同行业的生产实际，建立适应不同行业特征的技术人员职称评定体系。改变论文至上的职称评定导向，保障参与生产实践的一线研发人员有通畅的、合理的、多样的上升通道。对于研究周期长、研究成果难以预测的基础性、前沿性科研项目，政府要抱着更加包容的态度，给予科研人员充足的生活和科研经费保障，创造更加自由的空间，减少相关科研人员的创新负担。

（三）提升职业教育和培训体系

学习借鉴德国的学徒制，探索职业教育增加学生在企业接受培训的时间和强度，促进职业教育学校或机构与装备制造企业形成稳定的合作关系，为装备制造企业定向培养高素质产业工人。对装备制造业企业人

员培训支出给予更大力度的税收优惠。

五　完善产学研合作机制，强化装备制造业创新基础

产学研合作是影响装备制造业技术创新能力的关键性支撑因子之一，同时也是企业进行开放式创新、获得原始创新资源、提升产业技术创新效率的重要途径。打破产学研之间的体制机制障碍，对于推动装备制造业产业创新水平具有重要的现实意义。

（一）探索建立装备制造业产业技术联盟，积极促成产学研对接

由政府牵头推动，以装备制造业企业长远发展需求为基础，以对产业长远发展有重要影响的共性技术创新需求为纽带，通过对各种技术创新要素进行优化组合，建立装备制造业产业技术联盟，从而形成一种具有较为稳定结构的产学研利益共同体。在这个共同体内部，各成员单位要共同投入于新技术的研发和应用，从而形成利益共享、风险共担的合作关系，最终推动创新成果产业化。在运行机制上，通过契约关系约束，明确成员单位之间的权利义务关系，确立知识产权归属、投入责任、利益分配等关键机制。

（二）理顺产学研对接政策

支持企业主动推动人才结构优化，鼓励企业建立博士后科研工作站、院士专家工作站。通过提高财税和贷款担保支持力度，推动科技资源共享平台建设。成立装备制造业专项创新扶持基金，加大对具有产业应用前景的新技术、新工艺进行转化的支持力度。加快建立完善专业化的科技中介服务体系，包括生产力促进中心、各类孵化器、科技信息中心等，充分发挥其沟通黏合制造业企业与高校科研院所的桥梁作用。

（三）推动高校科研院所科研成果

打造宽松自由的科研氛围和科研环境，激发高校科研院所中具有丰

富新知识和新技术积累的科研人员投入装备制造业产业创新实践中来。加快推动科技成果使用权、处置权以及收益管理权"三权"改革，修改完善科技成果转化、职务发明等相关法律法规，给予发明人更大的权力空间，获得更多的创新成果收益，从而激发创新人才的产业创新热情。提高专利市场的活跃度，探索和完善科技成果转化、定价、挂牌交易的合理机制。

六 建立严格、高效的知识产权保护制度

将强有力的知识产权保护制度作为激发企业和个人创新动力的基础性制度。装备制造业的产业创新同样离不开这一制度的有力保障，特别是当前我国装备制造业技术创新效率受原始创新水平影响很大，知识产权制度是原始创新生存的有效保障。因此，建立完善严格、高效的知识产权保护制度对于提升我国装备制造业的产业创新水平具有重要意义。

（一）严格知识产权保护的立法、执法、司法

以市场机制为导向，推动知识产权制度的改革和调整。理顺现行分散杂乱的立法，调整跟不上时代的落后立法，对于如何认定侵权、如何判定损失、如何赔偿这些具体操作环节进行明确的规范。加大对侵犯知识产权行为的打击力度，提高侵害创新产品的成本。

（二）提升知识产权制度的效能

打造有利于产业技术创新的法治环境，加快完善科技法律制度，强化创新成果保护的法律手段，保障创新者的合法合理收益。对装备制造业重点行业、核心技术，加强信息和数据安全保护。加快制定相关法律法规，保障知识产权保护和应用的相关数据和网络安全。完善相关自我监管措施，重点包括安全标准、示范合同、公司协议等。

（三）帮助企业做好知识产权的涉外维权工作

我国知识产权在法律法规的制定和完善过程中，要充分考虑我国装

备制造企业越来越多地融入全球生产中的现实，推动相关立法与国际立法主动接轨，努力推广国内法在全球范围内的应用。与主要国家和地区发展扩大并加深双边或多边知识产权交流，由政府部门牵头推动搭建信息平台，及时收集并向企业公开发布主要对外投资目的地知识产权信息，最大限度地降低企业信息不对称而带来的海外投资或海外合作风险。

第九章

结　论

本书通过大量的文献阅读和思考，从产业技术创新能力和产业技术创新效率两个角度解构技术创新水平。通过定性与定量相结合的分析方式，特别是通过大量扎实的实证分析，对我国装备制造业技术创新能力和技术创新效率进行了力求客观、清晰的研究，并基于实证分析结果对现阶段影响我国装备制造业技术创新水平的因素进行辨别，在此基础上提出对提升我国装备制造业技术创新水平的政策建议。

本书得出的研究结论主要包括以下 10 点。

1. 我国装备制造业在全球产业链中的竞争力依然不强，迫切需要通过提升技术创新水平推动整个产业国际竞争力的提升

从产业层面看，我国装备制造业国际竞争力开始提升，但依然不强。从国际市场占有率（MS）计算结果来看，重点行业国际市场占有率普遍提升，但绝对值较低。从显示性比较优势指标（RCA）计算结果来看，铁路运输设备制造业在 2011 年之后维持在较有竞争力状态；航天航空器设备制造业极度缺乏竞争力，但呈现上升趋势；医疗仪器设备制造业国际竞争力不强，且没有提升的趋势；仪器仪表制造业有一定竞争力但并不稳固，近两年有所下降。从企业层面看，我国装备制造高端化发展初见成效，在高铁、核电、船舶等行业，中国企业已经处于较为领先的地位。但从平均盈利能力、单个企业排名的先后等指标来看，我国企业的竞争力还不强，与美、日、韩等盈利性强、创新能力突出的大企业相比，仍有明显差距。

2. 构建了我国装备制造业技术创新能力评价指标体系，将考察企业在装备制造业产业创新中的作用作为重要的研究点

对我国技术创新能力评估构建了包括创新经费投入、创新人力投入、企业参与产业技术创新的能力、技术获取和应用四个层次，十三项三级指标在内的指标体系。该指标体系区别于以往研究的主要创新点体现在：一是充分考虑了企业在产业创新活动中的核心主体角色，将考察企业在装备制造业产业创新中的作用作为重要的研究点；二是考虑了各种创新来源及创新应用途径；三是以相对性指标构建三级指标体系；四是剔除高度相关指标；五是三级指标的选取突破了已有衡量框架。

3. 基于因子分析法对 2011～2016 年我国装备制造业重点行业技术创新能力进行了评估，基于实证结果对不同行业技术创新能力的核心影响因素进行了分析，并对我国装备制造业产业创新能力的提升得到四点重要启示

本书选取航空航天器设备制造业、电子及通信设备制造业、计算机及办公设备制造业、医疗仪器设备制造业、仪器仪表制造业行业作为重点行业，利用 2011～2016 年的数据进行了实证分析。通过因子分析，共得到四类公共因子，按照对技术创新能力差异的解释度由高到低排列，分别为以资金投入为主的投入类因子，体现企业创新组织机构建设、人员配备、产学研合作等支撑性要素条件的支撑性因子，技术引进因子，人力资源因子。其中，投入类因子解释了 56.030% 的差异，远大于其他三个公共因子。企业参与创新的各类要素分散于能够解释大部分差异的第一类和第二类公共因子中，说明企业参与产业技术创新的能力是关系我国装备制造业技术创新能力的重要因素。引进技术经费占主营业务收入的比重，成为独立的公共因子之一，说明技术引进对我国装备制造业的创新能力影响较大。反映人力资源投入的 R&D 人员折合全时当量成为独立的公共因子之一，说明当前我国装备制造业技术创新能力受人力资源投入影响很大。

近 6 年来，重点行业技术创新能力由高到低依次是航空航天器设备制造业、电子及通信设备制造业、计算机及办公设备制造业、医疗仪器设备制造业、仪器仪表制造业，且相对排名始终一致。总体来看，2013

年以来除电子及通信设备制造业保持相对稳定外，其他行业均呈现明显的下滑趋势。

通过实证分析结果，得出四点重要启示：一是企业对于装备制造业创新能力具有决定性意义，实现企业在创新网络中的核心地位是提升装备制造业产业创新能力的优先着力点；二是资金类投入是我国装备制造业技术创新能力的基本保障，资金脱实向虚是装备制造业产业创新能力提升的巨大挑战；三是技术获取以技术引进为主，多渠道、高质量获取技术是未来提升我国装备制造业技术创新能力的有效支撑；四是人才是提升装备制造业技术创新能力的核心因素，激发人在装备制造业产业创新中的活力具有重要的现实意义。

4. 基于改进的 DEA 模型、考虑一年的创新投入产出时滞，对 2012 ~ 2016 年我国装备制造业重点行业的技术创新效率进行了实证分析，对实证结果从效率结果、规模报酬结果、敏感性分析三个角度进行了解读，并对装备制造业产业创新效率的提升得到两点重要启示

基于改进的 DEA 模型实证分析表明，我国装备制造业重点行业创新的综合技术效率整体偏低。敏感性分析的结果表明，重点行业最敏感的是发明专利数量。进一步说明我国装备制造业技术创新效率受原始创新能力高低的影响较大。其次敏感的是开发新产品经费，表明新产品转化投入对技术创新效率具有较为显著的影响。第 3 敏感的是 R&D 人员折合全时当量，表明人力资源投入对技术创新效率也具有较为重要的影响。最不敏感的是投入指标是 R&D 经费支出，表明重点行业技术创新效率受研发资金投入的影响较小。

通过实证分析结果，得出两点重要启示：一是原始创新能力是影响行业创新效率的首要因素，提升产业原始创新能力对于提升产业创新效率至关重要；二是传统的研发经费投入本身已经难以提高产业创新效率，经费投入的重点在于新产品转化环节和人力资源的投入。

5. 综合 2011 ~ 2016 年行业间技术创新能力和技术创新效率评估结果来看，不同行业提升技术创新水平的着力点各不相同

航空航天器设备制造业创新能力远领先于其他行业，但创新效率排名一直处于最后一位，说明提升航空航天器设备制造业的技术创新水平，需要着力于提升技术创新效率。从创新能力角度来看，航空航天器设备制造业在投入性因子、支撑性因子、技术引进因子上都居于第1位，但人力资源投入排在最后一位。从创新效率角度来看，航空航天器设备制造业创新效率最为敏感的因子为发明专利数量，其次为R&D人员折合全时当量，说明该行业创新效率受原始创新能力影响和研发人力资源投入量的影响较为显著。

电子及通信设备制造业技术创新能力排在第2位，创新效率排在第3位，提升该行业的长期创新水平，同样需要着眼于提升创新效率。从创新能力角度来看，电子及通信设备制造业在人力资源投入上排在首位，在支撑性因子得分上排名第4位，在投入类因子、技术引进因子上都排在了第3位。提升该行业的技术创新能力，可以重点从完善创新组织机构建设、提升研发人员配备、提升产学研合作水平等方面入手。从创新效率角度来看，电子及通信设备制造业创新效率最为敏感的因子为R&D人员折合全时当量，说明该行业创新综合技术效率受研发人力资源投入量的影响最为显著。

计算机及办公设备制造业创新效率排在第1位，技术创新能力排在第3位，提升该行业的创新水平，需要进一步提升创新能力。从创新能力角度来看，计算机及办公设备制造业在投入类因子和人力资源因子上均排在第2位，但在支撑性因子、技术引进因子上排名最后。提升该行业的技术创新能力，可以重点从完善创新组织机构建设、提升研发人员配备、提升产学研合作水平以及多渠道获取技术等方面入手。从创新效率角度来看，计算机及办公设备制造业创新效率最为敏感的因子是新产品销售收入，其次是开发新产品经费，说明该行业创新综合技术效率受创新成果转化程度的影响最大。

医疗仪器设备制造业虽然综合技术创新能力排在第4位，但创新效率水平排在第2位，说明该行业在创新效率上具有一定优势。提升该行业的技术创新水平，重点是要在提升现有创新效率优势上，提高全行业的创新能力。从创新能力角度来看，医疗仪器设备制造业除了在技术引进因子上排名靠前外，在投入类因子、支撑性因子和人力资源因子上排名靠后。要提升该行业的技术创新能力，可以在增强该行业的投入能力，特别是资金性投入能力；优化企业研发组织机构建设，提高产学研合作能力，提升研发队伍建设；强化人力资源投入等方面着力。从创新效率角度来看，医疗仪器设备制造业创新效率最为敏感，也是唯一的敏感因子为发明专利数量，说明该行业创新效率受原始创新成果水平的影响很大。

仪器仪表制造业创新效率处于第4位，创新能力排在最后一位，表明仪器仪表制造业整体技术创新水平很低，提升该行业的技术创新水平还有很多工作要做。从创新能力角度来看，仪器仪表制造业在支撑性要素上排在了第1位，这说明该行业有较好的创新支撑基础，关键是如何用好这些支撑性要素。但在投入类因子和人力资源因子上排名靠后，要提升该行业的技术创新能力，可以在增强该行业的投入能力，特别是资金性投入能力上着力，同时努力提升行业的人力资源投入。从创新效率角度来看，仪器仪表制造业创新效率对开发新产品经费和发明专利数量都非常敏感，说明其创新效率受创新成果转化投入和原始创新成果水平影响较大。

6. 基于我国装备制造业技术创新水平的实证研究结果，结合我国装备制造业创新实践，总结归纳出提升我国装备制造业技术创新水平面临的主要障碍

通过我国装备制造业技术创新水平实证分析结果可以知道，当前我国装备制造业技术创新水平提升的主要障碍有以下几点。一是不利于企业发挥核心主体作用的问题，包括政府与市场的关系混乱；产业组织形式落后，小企业生存环境艰难；与装备制造业技术创新配套的生产性服务业不发达；创新准入门槛仍然较高，创新扶持政策的精准性不足；政府采购没有起到有效支持国内装备制造业升级的作用；等等。二是不利于资金流向实体经济创新的问题，包括资本市场发育和担保机制不健全，"虚""实"制度供给不平衡，税费负担过重等。三是不利于产学研转化的障碍，包括企业没有在产学研链条的有效运作中发挥主要的牵头引领作用；传统的科研成果评价机制不适应装备制造业发展的产业要求；科技中介不发达；部门之间的壁垒，导致科研院所成果向产业转化受阻；等等。四是不利于发挥人力资源活力的障碍，主要包括企业人才引进制度性红利没有得到实质性发挥；职业教育体制无法满足装备制造业创新转化对高质量产业工人的需求；公立机构的科研人员缺少对自身科研成果的支配权；科学家角色与企业家角色混淆，没有能够有效发挥不同主体的优势。五是不利于原始创新的障碍，主要包括知识产权保护不到位；基础创新没有有效支撑装备制造业产业创新需求；等等。六是经费投入重点有待优化。

7. 对处于相对成熟期的电子及通信设备制造业技术创新水平进行分地区评估，得出产业转移效果明显、中部创新水平显著提升的区域特征

通过因子分析法对技术创新能力差异进行评估，并按照黄金分割原则对评估结果进行聚类分析，将各省（自治区、直辖市）划分为技术创新能力强、较强、较弱、弱四类地区。技术创新能力强省（自治区、直辖市）集中在东部地区，湖北作为唯一的非东部省份，其在电子及通信设备制造业的强势地位，对中部产业的产业发展可以形成良好的带动作用。第二梯队的6席中中部、西部省（自治区、直辖市）占据了5席。

以 DEA 模型为基础，进行了分地区创新效率的实证分析。结果显示：内蒙古、吉林、河南、广西、新疆5个省级行政单位创新综合技术效率处于前沿，其余22个省级行政单位处于无效率状态。

综合比对技术创新能力和创新效率的实证分析结果可以发现，一是从创新表现上看，电子及通信设备制造业在中部地区的发展态势强劲。安徽、湖北、内蒙古两项排名都在较为靠前的位置，且均为中部地区。二是技术效率领先地区和技术创新能力领先地区呈现能力与效率倒挂特征。

8. 对处于发展初期阶段的医疗仪器设备及仪器仪表制造业技术创新水平进行分地区评估，得出创新水平分布相对均衡的区域特征

对医疗仪器设备及仪器仪表制造业技术创新能力的实证分析结果显示，产学研合作成为决定不同地区技术创新能力的关键要素之一。相较于电子及通信设备制造业，医疗仪器设备及仪器仪表制造业技术创新能力的区域分布更为均衡。技术创新能力强省依然集中在东部地区，占据第一梯队8席中的5席，中部、西部、东北地区各有1个省份进入第一梯队。第二梯队中的省份分布更为均衡，东部、中部、西部和东北地区各有2个省份进入第二梯队。技术创新能力弱的地区也是集中在中部、西部地区和东北地区，但东部地区也同样有较弱和弱的地区。

从综合技术效率来看，安徽、吉林、四川、宁夏4个省级行政单位处于医疗仪器设备及仪器仪表制造业创新综合技术效率前沿，其余22个省级行政单位处于无效率状态。

综合比较各省级行政单位的技术创新能力和创新效率，可以得出：一是安徽、江苏、浙江、黑龙江是医疗仪器设备及仪器仪表制造业技术创新水平较高的地区，在创新能力和创新效率上的表现都较为出色；二是技术效率领先地区和技术创新能力领先地区呈现一定程度能力与效率倒挂的特征。

9. 整体来看，我国装备制造业东部地区创新能力独大的特征已经打破，中部、西部地区产业创新水平已经得到极大提高。此外，创新能力领先地区需要重视能力与效率倒挂的问题

从创新能力上来看，具有高技术特征的装备制造业创新能力区域分布已经开始打破传统的东部地区独大的特征。虽然从能力的绝对差距上，中部、西部和东部的差距依然明显，东部省级行政单位在第一梯队中仍有绝对优势。但值得关注的是，第二梯队中，中部、西部城市大量涌现。近年来，中部、西部地区对于高技术装备制造创新的支撑能力大大提升，涌现出一批具有较强创新能力的城市和省份，这是我国区域创新能力的一个重要变化。对于处于不同发展阶段、具有不同发展特征的产业来说，电子及通信设备制造业发展较为成熟，正处于产业转移的阶段；而医疗仪器设备及仪器仪表制造业处于初期发展阶段，在发展布局上就已经出现了较为均衡的局面。

对于已经高速发展了一个时期的电子及通信设备制造业来说，东部创新能力较强的省份普遍出现了创新效率较低、创新能力与创新效率倒挂的现象；医疗仪器设备及仪器仪表制造业这一特征则相对弱化，但也出现了苗头。当前在推动技术创新能力提升的过程中，从粗放型投入向更加重视人力资源支撑、原始创新能力、产品转化能力支撑转变，优化创新路径，提升产业创新的整体水平。

10. 通过总结归纳装备制造业强国创新政策经验，结合实证分析结果，提出提升我国装备制造业技术创新水平的政策建议

一是通过激发企业家精神、平等保护各类产权、引导企业构建现代企业制度、促进中小微企业发展、助推企业融入全球生产网络等途径强化企业创新主体地位，提高企业创新的自主性。

二是以明确政府重点参与产业创新链的上中游为前提推动政府职能转变，打造良好的创新生态。具体措施包括转变政府参与产业创新的理念，打造有利于产业创新的政策生态；推动公平高效准入，以支持国产设备技术创新为导向加大政府购买力度，推动产业之间的协调发展，从而提升新技术的产品转化能力；政府主导强化共性技术研发与供给，鼓励技术引进再创新与原始创新双向推进，从而丰富产业创新来源。

三是通过强化创新教育，完善人才管理、评价、流动和配置机制，提升职业教育和培训体系等途径夯实人才基础。

四是通过探索建立产业技术联盟，理顺产学研对接政策，加快完善科技中介服务体系，推动科研院所、高校科研人员进行技术成果产业化转化等途径完善产学研合作机制，强化装备制造业创新基础。

五是通过严格知识产权保护的立法、执法、司法，提升知识产权制度的效能，协助企业做好涉外维权工作等途径建立强有力的知识产权保护制度，使其成为激发企业和个人技术创新动力的基础性制度。

六是通过继续优化税费制度和财政资金支持渠道、引导企业与银行资源有效对接、建立多层次资本市场体系等途径优化创新资金环境。

由于笔者能力所限，本书在研究过程中还存在一些有争议和不足之处，例如本书所建立的指标体系是依据自身对装备制造业技术创新能力和技术创新效率的理解完成的，不同学者从不同角度理解可能存在不同的见解。本书使用的数据覆盖范围还有限，今后如有条件，可以获取更多的数据资料，进行更长时间轴和更多行业面上的研究。笔者将在日后的学习工作中进行深化研究。

参考文献

〔美〕Joe. Zhu，2016，《数据包络分析：让数据自己说话》，公彦德、李想译，科学出版社。

〔德〕Otto. Brauckmann，2015，《智能制造：未来工业模式和业态的颠覆与重构》，张潇、郁汲译，机械工业出版社。

〔美〕R. M. 索罗，1989，《经济增长论文集》，平新乔译，北京经济学院出版社。

〔美〕安纳利·萨克森宁，1999，《地区优势：硅谷和128公路地区的文化与竞争》，曹蓬、杨宇光等译，上海远东出版社。

毕克新、杨朝均、艾明晔，2012，《外部技术获取对我国制造业技术创新的影响研究——基于创新投入产出视角》，《工业技术经济》第11期。

柴丽俊、柴丽英、高俊山，2005，《企业技术创新动力及模型研究》，《经济问题探索》第1期。

陈爱贞、刘志彪，2011，《决定我国装备制造业在全球价值链中地位的因素——基于各细分行业投入产出实证分析》，《国际贸易问题》第4期。

陈劲、王焕祥等，2011，《创新思想者：当代十二位创新理论大师》，科学出版社。

陈泽聪、徐钟秀，2006，《我国制造业技术创新效率的实证分析——兼论与市场竞争的相关性》，《厦门大学学报》（哲学社会科学版）第6期。

成刚，2014，《数据包络分析方法与MaxDEA软件》，知识产权出版社。

池仁勇、虞晓芬、李正卫，2004，《我国东西部地区技术创新效率差异及其原因分析》，《中国软科学》第 8 期。

储小华，2013，《从熊彼特的创新理论看实施创新驱动发展战略之选择》，《统计科学与实践》第 7 期。

代碧波、孙东生、姚凤阁，2012，《我国制造业技术创新效率的变动及其影响因素——基于 2001~2008 年 29 个行业的面板数据分析》，《情报杂志》第 3 期。

邓久根，2013，《中国演化与创新经济学丛书：历史创新体制与创新型国家建设》，科学出版社。

杜强、贾丽艳、严先锋编著，2014，《SPSS 统计分析从入门到精通》（第 2 版），人民邮电出版社。

段婕、刘勇、王艳红，2012，《基于 DEA 改进模型的装备制造业技术创新效率实证研究》，《科技进步与对策》第 6 期。

段云龙、杨立生，2007，《企业持续创新动力模式及制度要素分析》，《云南民族大学学报》（哲学社会科学版）第 2 期。

范棣，2016，《实业像农民工，死抬着金融，经济虚火挺旺》，http://www.huilv168.com/weixin/25232.html。

方福前、张平，2009，《我国高技术产业的投入产出效率分析》，《中国软科学》第 7 期。

傅家骥，1998，《技术创新学》，清华大学出版社。

干勇、钟志华主编，2016，《产业技术创新支撑体系的理论研究》，经济管理出版社。

高伟凯，2010，《我国装备制造业技术创新力的决定因素》，《现代经济探讨》第 4 期。

高翔、程瑾，1990，《技术创新对产业发展的作用》，《科技进步与对策》第 1 期。

高玉伟，2015，《从税收负担看中国制造业的竞争力》，《清华金融评论》第 5 期。

官建成、陈凯华，2009，《我国高技术产业技术创新效率的测度》，《数量经济技术经济研究》第 10 期。

官建成、马宁，2002，《技术转移对我国制造业企业创新绩效的影响》，《中国机械工程》第 14 期。

国家发展和改革委员会产业经济与技术经济研究所，2017，《中国产业发展报告：2017 年迈向中高端的产业发展》，经济科学出版社。

国家发展和改革委员会产业经济与技术经济研究所课题组、黄汉权、姜长云、付保宗、盛朝迅，2016，《降低我国制造业成本的关键点和难点研究》，《经济纵横》第 4 期。

国家统计局，2018，《中华人民共和国 2017 年国民经济和社会发展统计公报》，《中国统计》。

韩晶，2009，《基于模块化的中国装备制造业自主创新的制约与突破》，《科学学与科学技术管理》第 12 期。

韩晶，2010a，《基于 SFA 方法的中国制造业创新效率研究》，《北京师范大学学报》（社会科学版）第 6 期。

韩晶，2010b，《中国装备制造业上市公司生产力和生产效率研究》，《财经问题研究》第 1 期。

洪京一，2015，《世界制造业发展报告（2014~2015）：战略性新兴产业》(2015 版)，社会科学文献出版社。

胡静寅、姚莉、万永坤，2011，《FDI 对中国装备制造业自主创新的影响分析》，《经济问题探索》第 1 期。

胡卫，2008，《自主创新的理论基础与财政政策工具研究》，经济科学出版社。

黄汉权，2016，《打造"三心四链"助力产业迈向中高端》，《宏观经济管理》第 12 期。

黄顺春，2008，《产业创新概念界定述评》，《技术与创新管理》第 6 期。

〔美〕柯蒂斯·卡尔森，2007，《创新：变革时代的成长之道》，蒋怡、黄水平译，北京师范大学出版社。

雷国雄，2012，《不确定性、创新不足与经济演化：经济过程及过程中的企业家、城市、制度与增长模型》，科学出版社。

李光泗、沈坤荣，2011，《技术进步路径演变与技术创新动力机制研究》，《产业经济研究》第 6 期。

李京文、黄鲁成，2003，《关于我国制造业创新战略的思考》，《中国软科学》第1期。

李婧、白俊红、谭清美，2008，《中国区域创新效率的实证分析——基于省际面板数据及DEA方法》，《系统工程》第12期。

李坤、于渤、李清均，2014，《"躯干国家"制造向"头脑国家"制造转型的路径选择——基于高端装备制造产业成长路径选择》，《管理世界》第7期。

李廉水，2016，《制造业发展研究报告2015》，北京大学出版社。

李廉水、周勇，2005，《制造业技术创新能力评价与比较研究——以长三角为例》，《科学学与科学技术管理》第3期。

林桂军、何武，2015，《中国装备制造业在全球价值链的地位及升级趋势》，《国际贸易问题》第4期。

刘建翠，2010，《我国装备制造业的发展和自主创新能力分析》，《统计与决策》第01期。

刘景江，2011，《高技术企业开放式自主创新与持续创业》，浙江大学出版社。

刘明达、顾强，2016，《从供给侧改革看先进制造业的创新发展——世界各主要经济体的比较及其对我国的启示》，《经济地理》第1期。

刘志彪，2015，《从全球价值链转向全球创新链：新常态下中国产业发展新动力》，《学术月刊》第2期。

柳卸林，2000，《21世纪的中国技术创新系统》，北京大学出版社。

吕国庆、曾刚、郭金龙，2014，《长三角装备制造业产学研创新网络体系的演化分析》，《地理科学》第9期。

吕薇、李伟、马名杰等编，2013，《中国制造业创新与升级：路径、机制与政策》，中国发展出版社。

罗胤晨、谷人旭，2014，《中国制造业空间集聚格局及其演变趋势》，《经济地理》第7期。

马风涛、李俊，2014，《中国制造业产品全球价值链的解构分析——基于世界投入产出表的方法》，《对外经济贸易大学学报》第1期。

牟绍波、任家华、田敏，2013，《开放式创新视角下装备制造业创新升级研究》,《经济体制改革》第 1 期。

牛泽东、张倩肖,2012,《中国装备制造业的技术创新效率》,《数量经济技术经济研究》第 11 期。

彭中文,2014,《中国装备制造业自主创新模式与路径研究》,知识产权出版社。

屈贤明,2006,《装备制造业自主创新》,《现代制造技术与装备》第 2 期。

〔日〕斋藤优,1985,《技术转移理论与方法》,中国发明创造者基金会。

〔瑞士〕汉斯·库尔,2015,《智慧工厂:大规模定制带给制造者的机遇、方法和挑战》,潘苏悦译,机械工业出版社。

上海市经济和信息化委员会、上海科学技术情报研究所,2015,《2015 世界制造业重点行业发展动态》,上海科学技术文献出版社。

邵云飞、欧阳青燕,2008,《装备制造业集群创新网络的核心价值研究》,《技术经济》第 6 期。

盛朝迅、黄汉权,2017,《构建支撑供给侧结构性改革的创新体系研究》,《中国软科学》第 5 期。

盛朝迅、黄汉权,2016,《中美制造业成本比较及对策建议》,《宏观经济管理》第 9 期。

史忠良、何维达,2004,《产业兴衰与转化规律》,经济管理出版社。

孙冰,2008,《企业技术创新动力的理论研究述评》,《现代管理科学》第 4 期。

孙冰、戴宁,2008,《关于装备制造业自主创新研究的综述》,《工业技术经济》第 9 期。

孙冰、周大铭,2011,《基于改进 DEA 的装备制造企业自主创新现状评价与实证研究》,《科技进步与对策》第 15 期。

孙金花、胡健,2010,《制造业自主创新能力动态演化过程研究》,《科学学与科学技术管理》第 7 期。

孙凯、李煜华,2007,《我国各省市技术创新效率分析与比较》,《中国科技论坛》第 11 期。

孙韬、巩顺龙，2011，《东北地区装备制造业的创新现状及对策》，《经济纵横》第 5 期。

谭智斌、周勇，2006，《我国电子通信制造业技术创新能力评价分析》，《现代管理科学》第 8 期。

唐晓华、李绍东，2010，《中国装备制造业与经济增长实证研究》，《中国工业经济》第 12 期。

田红云，2014，《破坏性创新与我国制造业国际竞争优势的构建》，上海三联出版社。

王昌林，2013，《对第三次工业革命几个问题的认识》，《全球化》第 5 期。

王昌林，2014，《进一步理清实施创新驱动发展战略的思路》，《全球化》第 11 期。

王昌林，2016，《大众创业万众创新的理论和现实意义》，《科技创业月刊》第 2 期。

王昌林，2017，《着力营造良好的创新创业生态体系》，《中国经贸导刊》第 19 期。

王昌林、姜江，2017，《"创新、壮大、引领"：新时期赋予战略陆新兴产业新使命》，《中国战略新兴产业》第 1 期。

王昌林、姜江、盛朝讯、韩祺，2015，《大国崛起与科技创新——英国、德国、美国和日本的经验与启示》，《全球化》第 9 期。

王昌林、盛朝迅、苑生龙，2017，《特朗普"制造业回流"政策对我国产业的影响及应对》，《全球化》第 8 期。

王道平、李永锋，2000，《机电制造业技术创新能力评价指标体系及其评价》，《数量经济技术经济研究》第 1 期。

王凯、马庆国，2007，《基于因子分析定权法的中国制造业技术创新能力研究》，《中国地质大学学报》（社会科学版）第 2 期。

王力为、康淑，2016，《李书福：制造业的利润已经比刀片还薄了》，http：//finance.qq.com/a/20160311/019137.htm。

王鹏、王良健、王丽娟，2009，《基于 DEA 的湖南省制造业创新效率分析》，《科技管理研究》第 6 期。

王喜文，2015，《工业4.0：最后一次工业革命》，电子工业出版社。

王喜文，2015，《中国制造2025解读：从工业大国到工业强国》，机械工业出版社。

王晓霞，2017，《楼继伟：中国最大的威胁是过度杠杆化》，http：//m. economy. caixin. com/m/2017－04－21/101081638. html？cxw＝Android&Sfrom＝WechatMoments&from＝timeline。

王章豹、郝峰，2010，《基于因子分析和黄金分割法的我国装备制造业区域产业创新力综合评价研究》，《工业技术经济》第1期。

王章豹、孙陈，2007，《基于主成分分析的装备制造业行业技术创新能力评价研究》，《工业技术经济》第12期。

王章豹、吴庆庆，2006，《我国装备制造业自主创新之问题透视与路径选择》，《合肥工业大学学报》（社会科学版）第5期。

王子龙，2007，《中国装备制造业系统演化与评价研究》，科学出版社。

魏权龄，2004，《数据包络分析》，科学出版社。

吴雷、曾卫明，2012，《基于索洛余值法的装备制造业原始创新能力对经济增长的贡献率测度》，《科技进步与对策》第3期。

武松、潘发明等编著，2014，《SPSS统计分析大全》，清华大学出版社。

肖旭宏，2018，《中国去年对外支付286亿美元知识产权费　逆差超200亿》，http：//finance. ifeng. com/a/20180424/16194549_ 0. shtml。

谢莹、童昕、蔡一帆，2015，《制造业创新与转型：深圳创客空间调查》，《科技进步与对策》第2期。

徐东华编，2016，《中国装备制造业发展报告2016》，社会科学文献出版社。

徐丰伟，2011，《基于协同的装备制造业技术创新能力评价指标体系研究》，《科学管理研究》第5期。

许庆瑞，1990，《技术创新管理》，浙江大学出版社。

杨斌、李健明、李东红编，2017，《中国高端装备制造业发展报告》，清华大学出版社。

杨华峰、申斌，2007，《装备制造业原始创新能力评价指标体系研究》，《工业技术经济》第11期。

杨砚峰、李宇，2009，《技术创新的企业规模效应与规模结构研究——以辽宁装备制造业为例》，《中国软科学》第2期。

尹伟华，2016，《中国制造业产品全球价值链的分解分析——基于世界投入产出表视角》，《世界经济研究》第1期。

余泳泽，2009，《我国高技术产业技术创新效率及其影响因素研究——基于价值链视角下的两阶段分析》，《经济科学》第4期。

俞立平，2007，《中国制造业创新绩效研究》，《经济学家》第4期。

原毅军、耿殿贺，2010，《中国装备制造业技术研发效率的实证研究》，《中国软科学》第3期。

〔美〕约瑟夫·熊彼特，2017，《经济发展理论》，王永胜译，立信会计出版社。

张保胜，2007，《我国装备制造业自主创新技术模型探析》，《企业经济》第8期。

张恒梅，2015，《当前中国先进制造业提升技术创新能力的路径研究——基于美国制造业创新网络计划的影响与启示》，《科学管理研究》第1期。

张宏，2016，《李东生：税负压力大　中国制造业亟须减负》，http://info.cm.hc360.com/2016/03/151132615533.shtml。

张华胜，2006，《中国制造业技术创新能力分析》，《中国软科学》第4期。

张杰、刘志彪、郑江淮，2007，《中国制造业企业创新活动的关键影响因素研究——基于江苏省制造业企业问卷的分析》，《管理世界》第6期。

张雷，2016，《吉利集团董事长李书福：劳动力成本十年上升2.7倍》，http://news.cnr.cn/dj/20160310/t20160310_521581507.shtml。

张威，2002，《中国装备制造业的产业集聚》，《中国工业经济》第3期。

赵德海、冯德海，2008，《东北老工业基地装备制造业创新发展路径研究》,《商业经济》第 1 期。

赵弘,2010,《加快培育和发展战略性新兴产业》,《宏观经济管理》第 11 期。

赵忠华、赵凌飞,2008,《装备制造业创新型产业集群分析》,《科学管理研究》第 2 期。

中国鞋网,2016,《新一轮企业清算危机已经来临》,http://www.cnxz.cn/news/201610/10/353323.html。

Afriat S N. Efficiency Estimation of Production Functions [M] //Applications of functional analysis to extremal problems for polynomials. Les Presses de l'Universite de Montreal, 1972: 568 – 98.

Breschi, S., Malerba, F. Orsenigo, L. 2000. "Technological Regimes and Schumpeterian Patterns of Innovation." *Economic Journal.*

Breschi, S., Malerba, F. 1997. "Sectoral Innovation Systems: Technological Regimes, Schumpeterian Dynamics, and Spatial Boundaries." In *Systems of Innovation: Technologies, Organizations, and institutions*, edited by Edquist C., London: Pinter.

Carlsson, B., and Stankiewicz, R. 1991. "On the Nature, Function and Composition of Technological Systems." *Journal of Evolutionary Economics* .

Freeman, C. 1991. "Networks of Innovators: A Synthesis of Research Issues." *Research Policy.*

Gereffi, G., Humphrey. J, Sturgeon, T. 2005. "The Governance of Global Value Chains." *Economy and Society.*

Geroski, P. A. 1995. *Innovation and Competitive Advantage.* Image Fusion.

Hemmert, M. 2004. "The Influence of Institutional Factors on the Technology Acquisition Performance of High – tech Firms: Survey Results from Germany and Japan." *Research Policy.*

Klepper, J., Willemsen, M., Verrips, A. 2001. "Autosomal Dominant Transmission of GLUT1 Deficiency." *Human Molecular Genetics.*

Los, B., and Verspagen, B. 2000. "R&D Spillovers and Productivity: Evidence from U. S. Manufacturing Microdata." *Empirical Economics.*

Malerba, F. 2009. "Sectoral Systems of Innovation and Production." *Research Policy.*

Mowery, D. C. , and Rosenberg, N. 1991. *Technology and the Pursuit of Economic Growth.* Cambridge University Press.

Munro, H. , and Noori, H. 1988. "Measuring Commitment to New Manufacturing Technology: Integrating Technological Push and Marketing Pull Concepts. " *Engineering Management IEEE Transactions on.*

Nelson, R. R. , and Rosenberg, N. 1993. "Technical Innovation and National Systems. " in *National Systems: A Comparative Study*, edited by Nelson, R. R. , Oxford: Oxford University Press.

Utterback, J. M. 1974. "Innovation in Industry and the Diffusion of Technology. " *Science.*

Wolfgang, and Kerber. 2004. *Chemie in Österreich 1740 - 1914.* Böhlau Verlag Wien.

附　录

附表 1　装备制造业涵盖行业整理

33	金属制品业	331 结构性金属制品制造
		332 金属工具制造
		333 集装箱及金属包装容器制造
		334 金属丝绳及其制品制造
		335 建筑、安全用金属制品制造
		336 金属表面处理及热处理加工
		337 搪瓷制品制造
		338 金属制日用品制造
		339 铸造及其他金属制品制造
34	通用设备制造业	341 锅炉及原动设备制造
		342 金属加工机械制造
		343 物料搬运设备制造
		344 泵、阀门、压缩机及类似机械制造
		345 轴承、齿轮和传动部件制造
		346 烘炉、风机、衡器、包装等设备制造
		347 文化、办公用机械制造
		348 通用零部件制造
		349 其他通用设备制造业
35	专用设备制造业	351 采矿、冶金、建筑专用设备制造
		352 化工、木材、非金属加工专用设备制造
		353 食品、饮料、烟草及饲料生产专用设备制造
		354 印刷、制药、日化及日用品生产专用设备制造
		355 纺织、服装和皮革加工专用设备制造
		356 电子和电工机械专用设备制造
		357 农、林、牧、渔专用机械制造
		358 医疗仪器设备及器械制造
		359 环保、社会公共服务及其他专用设备制造

36	汽车制造业	361 汽车整车制造
		362 3620 汽车用发动机制造
		363 3630 改装汽车制造
		364 3640 低速载货汽车制造
		365 3650 电车制造
		366 3660 汽车车身、挂车制造
		367 3670 汽车零部件及配件制造
37	铁路、船舶、航空航天和其他运输设备制造业	371 铁路运输设备制造
		372 城市轨道交通设备制造
		373 船舶及相关装置制造
		374 航空航天器设备制造
		375 摩托车制造
		376 自行车制造
		377 3770 助动车制造
		378 3780 非公路休闲车及零配件制造
		379 潜水救捞及其他未列明运输设备制造
38	电气机械和器材制造业	381 电机制造
		382 输配电及控制设备制造
		383 电线、电缆、光缆及电工器材制造
		384 电池制造
		385 家用电力器具制造
		386 非电力家用器具制造
		387 照明器具制造
		389 其他电气机械及器材制造
39	计算机、通信和其他电子设备制造业	391 计算机制造
		392 通信设备制造
		393 广播电视设备制造
		394 雷达及配套设备制造
		395 视听设备制造
		396 电子器件制造
		397 电子元件制造
		399 其他电子设备制造

编码	分类	
40	仪器仪表制造业	401 通用仪器仪表制造
		402 专用仪器仪表制造
		403 4030 钟表与计时仪器制造
		404 光学仪器制造
		405 4050 衡器制造
		409 4090 其他仪器仪表制造业

资料来源：笔者根据《2017 年国民经济行业分类》（GB/T 4754—2017）整理所得。

附表 2　国家统计局国民经济行业分类与 SITC REV.3 装备制造业分类对照

国家统计局（2 位码）		SITC REV.3 对装备制作业的分类（3 位码）
编码	装备制造业分类	编　　码
33	金属制品业	691、692、693、694、695、696、699、811、812
34	通用设备制造业	711、712、713、714、716、718、731、733、735、737、741、742、743、744、745、746、747、748、749、751、759
35	专用设备制造业	721、722、723、724、725、726、727、728、774、872、881、882、883
36	汽车制造业	781、782、783、784、785、786
37	铁路、船舶、航空航天和其他运输设备制造业	791、792、793
38	电气机械和器材制造业	771、772、773、775、776、778、813
39	计算机、通信和其他电子设备制造业	752、761、762、763、764
40	仪器仪表制造业	871、873、874、884、885

附表 3　2006～2016 年世界及中国商品出口贸易总额

单位：亿美元

年　　份	世界出口总额	中国商品出口总额
2006	123100	9689.78
2007	140230	12204.56
2008	161600	14306.93
2009	125550	12016.02
2010	153010	15777.54

年　份	世界出口总额	中国商品出口总额
2011	183380	18983.81
2012	184960	20487.14
2013	189530	22090.05
2014	190010	23422.93
2015	164880	22734.68
2016	159850	20976.32

资料来源：世界贸易组织。

附表4　2006~2016年医疗仪器设备制造774、872中国出口总额

单位：亿美元

年　份	774出口总额	872出口总额	累积总额
2006	8.956	21.130	30.086
2007	12.181	27.756	39.937
2008	15.206	35.348	50.554
2009	15.073	35.611	50.684
2010	19.467	41.650	61.117
2011	24.489	48.583	73.072
2012	21.617	54.701	76.318
2013	28.941	61.402	90.343
2014	30.248	67.383	97.631
2015	31.938	72.714	104.652
2016	30.563	71.969	102.532

资料来源：UN Comtrade。

附表5　2006~2016年医疗仪器设备制造774、872世界出口总额

单位：亿美元

年　份	774出口总额	872出口总额	累积总额
2006	294.144	565.933	860.077
2007	336.518	637.107	973.625
2008	368.490	747.671	1116.161
2009	340.168	726.917	1067.085
2010	376.604	790.074	1166.678

年　份	774 出口总额	872 出口总额	累积总额
2011	417.668	882.880	1300.548
2012	426.671	920.871	1347.542
2013	420.515	989.667	1410.182
2014	425.274	1053.740	1479.014
2015	404.317	1032.240	1436.557
2016	401.008	1055.770	1456.778

资料来源：UN Comtrade。

附表 6　2006～2016 年中国仪器仪表制造业出口总额

单位：亿美元

年份	871 出口总额	873 出口总额	874 出口总额	884 出口总额	885 出口总额	累积总额
2006	141.631	5.811	40.373	38.072	19.941	245.828
2007	210.665	8.299	56.303	48.639	24.470	348.376
2008	239.667	10.724	69.514	54.983	27.467	402.355
2009	206.734	9.263	62.771	51.698	24.523	354.989
2010	282.911	11.636	83.357	70.991	30.490	479.385
2011	321.508	15.442	101.364	83.912	36.880	559.106
2012	392.620	19.212	120.236	97.134	50.633	679.835
2013	391.324	20.320	125.229	102.966	55.684	695.523
2014	352.661	24.157	144.200	107.845	53.229	682.092
2015	345.307	20.420	145.072	107.485	57.331	675.615
2016	293.124	17.216	149.929	95.590	53.310	609.169

资料来源：UN Comtrade。

附表 7　2006～2016 年世界仪器仪表制造业出口总额

单位：亿美元

年份	871 出口总额	873 出口总额	874 出口总额	884 出口总额	885 出口总额	累积总额
2006	572.812	70.905	1258.35	352.313	273.479	2527.859
2007	717.892	86.372	1402.34	404.064	314.084	2924.752
2008	815.268	96.515	1494.34	434.872	358.797	3199.792
2009	723.152	83.226	1237.55	399.551	291.970	2735.449
2010	973.700	100.666	1531.55	502.518	368.462	3476.896

年份	871 出口总额	873 出口总额	874 出口总额	884 出口总额	885 出口总额	累积总额
2011	1027.92	121.18	1790.89	552.48	479.188	3971.658
2012	1090.96	127.123	1860.1	576.019	526.831	4181.033
2013	1057.15	132.112	1884.85	586.39	551.029	4211.531
2014	994.425	146.834	1952.18	595.248	574.102	4262.789
2015	901.941	137.977	1818.42	555.833	551.094	3965.265
2016	760.918	138.356	1820.32	543.08	494.93	3757.604

资料来源：UN Comtrade。

附表8 技术创新能力评估20项三级指标评价表

二 级	三 级	单 位
创新经费投入	R&D 投入强度	%
	开发新产品经费占主营业务收入的比重	%
创新人力投入	R&D 人员折合全时当量	人年
	R&D 人员中研究人员占比	%
	R&D 人员占从业人员的比重	%
企业参与产业技术创新的能力	有 R&D 活动企业比例	%
	R&D 经费内部支出中企业资金占比	%
	有研发机构的企业比例	%
	企业平均办研发机构数量	个
	企业办研发机构平均经费支出	万元
	企业办研发机构平均人员数	人
技术获取和技术改造	R&D 经费中外部支出占比	%
	技术改造经费占主营业务收入的比重	%
	引进技术与购买境内技术比例	/
	引进技术的消化吸收情况	/
专利	企业平均专利申请数	件
	企业平均有效发明专利拥有量	件
	发明专利占比	%
新产品销售	新产品销售收入占主营业务收入的比重	%
	新产品出口占新产品销售收入的比重	%

附表 9　高技术产业分类对照表

名　　称	国民经济行业分类代码
一、医药制造业	27
（一）化学药品制造	
化学药品原料药制造	2710
化学药品制剂制造	2720
（二）中药饮片加工	2730
（三）中成药生产	2740
（四）兽用药品制造	2750
（五）生物药品制造	2760
（六）卫生材料及医药用品制造	2770
二、航空航天器设备制造业	
（一）飞机制造	3741
（二）航天器制造	3742
（三）航空航天相关设备制造	3743
（四）其他航空航天器制造	3749
（五）航空航天器修理	4343
三、电子及通信设备制造业	
（一）电子工业专用设备制造	3562
（二）光纤、光缆制造	3832
（三）锂离子电池制造	3841
（四）通信设备制造	392
通信系统设备制造	3921
通信终端设备制造	3922
（五）广播电视设备制造	393
广播电视节目制作及发射设备制造	3931
广播电视接收设备及器材制造	3932
应用电视设备及其他广播电视设备制造	3939
（六）雷达及配套设备制造	3940
（七）视听设备制造	395
电视机制造	3951
音响设备制造	3952
影视录放设备制造	3953

名　　称	国民经济行业分类代码
（八）电子器件制造	396
电子真空器件制造	3961
半导体分立器件制造	3962
集成电路制造	3963
光电子器件及其他电子器件制造	3969
（九）电子元件制造	397
电子元件及组件制造	3971
印制电路版制造	3972
（十）其他电子设备制造	3990
四、计算机及办公设备制造业	
（一）计算机整机制造	3911
（二）计算机零部件制造	3912
（三）计算机外围设备制造	3913
（四）其他计算机制造	3919
（五）办公设备制造	
复印和胶印设备制造	3474
计算器及货币专用设备制造	3475
五、医疗仪器设备及仪器仪表制造业	
（一）医疗仪器设备及器械制造	358
医疗诊断、监护及治疗设备制造	3581
口腔科用设备及器具制造	3582
医疗实验室及医用消毒设备和器具制造	3583
医疗、外科及兽医用器械制造	3584
机械治疗及病房护理设备制造	3585
假肢、人工器官及植（介）入器械制造	3586
其他医疗仪器设备及器械制造	3589
（二）仪器仪表制造	
工业自动控制系统装置制造	4011
电工仪器仪表制造	4012
绘图、计算及测量仪器制造	4013
实验分析仪器制造	4014

名　　称	国民经济行业分类代码
试验机制造	4015
供应用仪表及其他通用仪器制造	4019
环境监测专用仪器仪表制造	4021
运输设备及生产用计数仪表制造	4022
导航、气象及海洋专用仪器制造	4023
农林牧渔专用仪器仪表制造	4024
地质勘探和地震专用仪器制造	4025
教学专用仪器制造	4026
核子及核辐射测量仪器制造	4027
电子测量仪器制造	4028
其他专用仪器制造	4029
光学仪器制造	4041
其他仪器仪表制造业	4090
六、信息化学品制造业	
（一）信息化学品制造	2664

注：本分类是以《国民经济行业分类》（GB/T 4754—2011）为基础，对国民经济行业分类中符合高技术产业（制造业）范畴相关活动的再分类。

附表 10　2011~2016 年 H_1~H_5 的指标数据

年份	行业	I_1	I_2	I_3	I_4	I_5	I_6	I_7	I_8	I_9	I_{10}	I_{11}	I_{12}	I_{13}
2011	H_1	8.74	7.66	32329	84.64	0.97	49.55	61.22	0.54	3537.13	209.33	11.55	2.05	0.11
	H_2	1.9	2.37	272062	89.78	0.42	27.66	92.52	0.25	2600.18	108.32	3.88	0.27	0.13
	H_3	0.76	1.04	49248	91.09	0.24	28.48	88.86	0.23	3893.82	129.58	2.09	0.06	0
	H_4	2.29	2.79	11115	86.95	0.48	36.33	95.33	0.26	936.94	45.66	4.24	0.53	0.25
	H_5	2	2.34	52953	88.67	0.68	39.06	91.26	0.3	664.61	48.65	5.21	0.6	0.06
2012	H_1	8.75	7.19	43071	77.2	1.19	45.72	55.92	0.56	3291.94	200.74	16.51	2.27	0.04
	H_2	1.89	2.28	340679	80.25	0.47	31.61	93.35	0.37	2087.2	89.06	4.46	0.26	0.11
	H_3	0.78	1.09	62783	87.2	0.33	30.06	96.39	0.37	3451.55	144.64	1.39	0.08	0.01
	H_4	2.41	3.07	13521	74	0.58	39.12	94.07	0.4	815.25	38.28	3.33	0.59	0.39
	H_5	2.03	2.54	56508	76.2	0.79	42.15	91.42	0.46	711.95	46	4.47	0.81	0.04

年份	行业	I_1	I_2	I_3	I_4	I_5	I_6	I_7	I_8	I_9	I_{10}	I_{11}	I_{12}	I_{13}
2013	H_1	6.93	6.51	47875	49.49	1.45	48.11	55.7	0.47	3847.56	220.39	11.61	1.77	1.77
	H_2	2.02	2.38	356885	37.35	0.49	32.1	93.19	0.3	2360.55	83.17	4.57	0.32	0.32
	H_3	0.65	0.88	59940	18.07	0.32	29.46	95.51	0.27	2927.01	121.01	1.35	0.04	0.04
	H_4	2.71	3.29	16065	22.63	0.62	41.61	93.13	0.35	811.02	37.64	3.08	0.6	0.6
	H_5	2.15	2.44	66257	31.52	0.86	42.67	90.7	0.39	766.56	44.15	4.16	0.5	0.5
2014	H_1	7.15	6.69	41043	43.7	1.26	50.3	49.39	0.49	3523.45	196.19	0.74	2.35	0.096
	H_2	2.04	2.49	380683	35.54	0.51	35.16	94.56	0.33	2366.84	77.91	0.08	0.2	0.067
	H_3	0.7	0.87	60181	21.66	0.34	31	94.47	0.28	2366.67	115.31	0.04	0.04	0.003
	H_4	2.25	3.11	16044	25.35	0.6	43.65	89.86	0.36	766.17	35.08	0.05	0.4	0.21
	H_5	2.19	2.56	69588	29.37	0.88	48.01	93	0.42	739.29	43.08	0.09	0.33	0.067
2015	H_1	6.8	5.19	45832	38.94	1.21	52.62	41.36	0.51	3505.1	171.18	22.19	2.06	0.041
	H_2	2.09	2.44	402513	36.35	0.51	38.99	94.144	0.37	2771.39	85.03	5.73	0.2	0.078
	H_3	0.91	1	57035	37.19	0.39	34.04	91.5	0.33	2300.28	99.86	1.78	0.08	0.002
	H_4	2.82	3.36	19172	36.29	0.68	45.57	92.29	0.39	912.43	37.32	3.09	0.35	0.149
	H_5	2.28	2.43	64349	37.27	0.86	50.88	91.53	0.44	813.28	43.06	5.22	0.25	0.029
2016	H_1	5.83	5.02	37397	42.29	1.04	58.82	50.09	0.47	3759.74	160.2	18.62	1.22	0.078
	H_2	2.2	2.6	416806	36.26	0.57	46.28	94.12	0.46	2523.26	75.6	7.85	0.29	0.101
	H_3	0.93	1.24	49005	39.7	0.43	43.65	91.82	0.45	2145.44	87.3	2.7	0.13	0.001
	H_4	2.64	3.25	20715	37.02	0.72	52.59	91.81	0.42	915.22	37.6	4.07	0.25	0.138
	H_5	2.11	2.39	65576	38.17	0.9	55.03	92.59	0.47	793.74	42.7	4.55	0.22	0.031

资料来源：2012～2017 年的《中国高技术产业统计年鉴》，对应 2011～2016 年数据。

附表 11 2011～2016 年分行业的 R&D 经费情况

单位：万元

行 业	年份	R&D 经费内部支出					R&D 经费外部支出
		总计	人员劳务费	仪器和设备	政府资金	企业资金	
航空航天器设备制造业	2011	1495895	232370	74454	533189	915826	195343
	2012	1701358	300682	61361	693772	951456	336336
	2013	1747135	272620	122547	708364	973100	229464
	2014	1940455	332469	102258	908589	958417	222993
	2015	1805926	477390	118006	996413	746930	514880
	2016	1803214	457672	130826	834053	903171	412472

行　业	年份	R&D 经费内部支出					R&D 经费外部支出
		总计	人员劳务费	仪器和设备	政府资金	企业资金	
电子及通信设备制造业	2011	7904869	3019159	908082	417115	7313801	318988
	2012	9540946	3896458	1001580	458143	8906745	444882
	2013	11703282	4760953	1188886	580030	10905708	559984
	2014	13239470	5382538	1284785	519851	12519807	541666
	2015	15454606	6385966	1367375	693063	14549515	939013
	2016	17670281	7573714	1468101	848147	16630605	1505335
计算机及办公设备制造业	2011	1580581	495922	154255	25049	1404564	33744
	2012	1694003	720088	79710	39929	1632866	23807
	2013	1484825	617258	70030	42543	1418165	20341
	2014	1555573	720231	61836	39436	1469584	95131
	2015	1738188	794652	76688	43472	1590434	31528
	2016	1786469	777650	103195	68927	1640267	49560
医疗仪器设备制造业	2011	298445	120855	29550	13096	284515	13211
	2012	373870	137629	40556	17375	351695	12880
	2013	486942	184760	49822	26939	453493	15500
	2014	481492	180563	59044	31485	432652	10112
	2015	663731	288232	63694	31132	612547	21135
	2016	726982	286276	68750	42351	667425	30817
仪器仪表制造业	2011	1016881	327481	139529	57181	927978	55856
	2012	1194867	445461	110112	64312	1092309	55888
	2013	1444643	539929	130196	101397	1310243	62690
	2014	1622598	630205	157923	89779	1508948	66972
	2015	1736256	689216	155018	119834	1589220	95707
	2016	1772064	720605	144125	103605	1640757	84488

资料来源：2012～2017 年的《中国高技术产业统计年鉴》，对应 2011～2016 年数据。

附表 12　2016 年电子及通信设备制造业分地区指标数据（填补后）

省份	I_1	I_2	I_3	I_4	I_5	I_6	I_7	I_8	I_9	I_{10}	I_{11}	I_{12}
北　京	2.66	3.12	9037	44.63	1.05	55.69	76.03	0.36	2868.4	60.1	2	0.06
天　津	1.71	1.58	6168	42.34	0.59	40.55	79.06	0.18	2594.92	96.92	9.45	0.04

续表

省份	I_1	I_2	I_3	I_4	I_5	I_6	I_7	I_8	I_9	I_{10}	I_{11}	I_{12}
河 北	2.06	1.85	5069	31.95	0.62	35.29	95.72	0.24	593.50	51	0.83	0.12
山 西	0.51	0.13	1906	51.28	0.18	35.48	96.69	0.68	464.76	31.67	0.98	0.27①
内蒙古	6.34	6.08	84	53.57	0.20	21.43	100	0.14	333	30.50	1.53	0.18②
辽 宁	1.80	2.78	1617	42.48	0.35	37.24	96.18	0.26	1743.14	111.95	2.31	0.01
吉 林	1.42	1.62	403	46.6	0.64	44.19	89.39	0.14	705.50	39.83	1.3	0.01③
黑龙江	2.63	1.16	784	42.44	0.82	57.69	55.56	0.27	386.57	37.14	2.57	0.01④
上 海	2.26	3.10	15241	42.36	0.52	39.20	87	0.16	9286.21	174.96	2.92	0.04
江 苏	1.21	1.52	63483	30.11	0.45	57.97	96.75	0.74	1035.24	43.38	3.08	0.35
浙 江	4.09	4.6	39729	37.21	0.98	57.62	97.91	0.47	1924.86	63.69	2.68	0.38
安 徽	2.44	3.12	12994	40.4	0.93	47.56	88.90	0.50	1090.14	46.64	2.93	0.2
福 建	2.72	2.58	17615	38.37	0.72	58.48	91.98	0.35	2273.57	92.68	2.17	2.86
江 西	0.95	1.44	5059	34.96	0.38	37.02	95.89	0.24	985.96	59.80	3.82	0.05
山 东	1.60	1.49	15587	43.08	0.54	36.20	93.20	0.27	1859.18	56.61	3.8	0.12
河 南	0.57	0.29	7505	35.38	0.21	27.37	96.42	0.20	1395.56	103.77	1.08	0.02
湖 北	2.83	3.64	10847	45.43	0.69	42.45	75.63	0.19	3143.75	99.37	1.55	0.07
湖 南	1.49	1.47	11147	19.99	0.89	44.98	94.53	0.23	893.84	64.47	2.4	1.37
广 东	3.01	3.71	168151	35.76	0.57	43.75	97.37	0.55	4218.28	106.27	13.08	0.13
广 西	0.22	0.26	475	28.38	0.12	15.89	86.50	0.12	383.69	47.46	2.9	0.09
重 庆	0.96	1.14	3343	35.23	0.45	33.22	94.34	0.27	947.46	36.20	2.2	0.03
四 川	2.29	2.65	13435	42.99	0.78	41.61	91.41	0.24	1559.93	81.46	4.33	0.18
贵 州	0.83	0.81	881	29.77	0.36	24.41	90.22	0.14	943.94	54.33	1.68	0.25
云 南	0.71	0.80	107	41.15	0.19	33.33	84.11	0.22	731.17	25.83	8.02	0.02
陕 西	2.69	2.90	5293	46.15	0.83	51.61	96.28	0.46	952.82	46.93	1.81	0.54
甘 肃	1.68	1.53	594	52.55	0.70	16.67	84.40	0.33	3259.25	179.75	4.32	0.41
新 疆	0.04	0.84	1	60	0.02	16.67	100	0.33	186	13.50	3.37⑤	3.97

资料来源：《中国高技术产业统计年鉴2017》，对应2016年数据。

① 山西属于中部地区，中部地区 I_{12} 的值为0.27。
② 内蒙古属于西部地区，西部地区 I_{12} 的值为0.18。
③ 吉林属于东北地区，东北地区 I_{12} 的值为0.01。
④ 黑龙江属于东北地区，东北地区 I_{12} 的值为0.01。
⑤ 新疆属于西部地区，西部地区 I_{11} 的值为3.37。

后　记

　　本书从确立题目到最终完成共经历两年多的时间。这两年多的时间里，国内外发展条件不断变化，特别是中美贸易争端使装备制造对国民经济的重要性凸显出来。通过推动产业创新，加快突破核心技术的制约，获得装备制造的主动权对于中国获取国际话语权日益重要。这些因素的变化使得本人在写作中愈加深刻地感到进行这一研究的意义。本人自2011年进入国家发展和改革委员会经济体制与管理研究所工作以来，长期从事国民经济学的相关研究工作。这些年研究的题目很多，然而就一个产业分支细细钻研的机会不多。本书的写作虽然挑战很大，但对于我来讲实属一次难得的学习机会，一次宝贵的研究经历。

　　本书的写作得到了师友、领导、同事、家人不断的鼓励和无私的支持。特别感谢我的导师王一鸣研究员，从全书的立题、框架设计到最终的定稿，王老师给予了我专业、耐心的指导。感谢我的领导和同事给予了我写作的空间和慷慨的帮助。感谢我的家人，在本书的写作过程中，我的女儿从呱呱坠地的婴儿长成了两岁的小姑娘，是家人们的爱和付出支撑我完成了本书的写作。

　　本书的写作激发了我进行系统研究的兴趣，也使我认识到自身在专业素养和技能上的不足。学海无涯，未来的日子本人将以更加严谨的态度继续深入开展装备制造业产业技术创新的相关研究，以期得到更有价值的研究成果。

李晓琳

2018 年 9 月

图书在版编目（CIP）数据

中国装备制造业技术创新水平研究／李晓琳著. --
北京：社会科学文献出版社，2018.11
ISBN 978 - 7 - 5201 - 3541 - 2

Ⅰ.①中…　Ⅱ.①李…　Ⅲ.①制造工业 - 技术革新 -
研究 - 中国　Ⅳ.①F426.4

中国版本图书馆 CIP 数据核字（2018）第 220781 号

中国装备制造业技术创新水平研究

著　　者／李晓琳

出 版 人／谢寿光
项目统筹／孔庆梅
责任编辑／孔庆梅　张萌萌

出　　版／社会科学文献出版社·经济与管理分社（010）59367226
　　　　　　地址：北京市北三环中路甲 29 号院华龙大厦　邮编：100029
　　　　　　网址：www. ssap. com. cn
发　　行／市场营销中心（010）59367081　59367083
印　　装／三河市尚艺印装有限公司

规　　格／开本：787mm×1092mm　1/16
　　　　　　印张：14.5　字数：212 千字
版　　次／2018 年 11 月第 1 版　2018 年 11 月第 1 次印刷
书　　号／ISBN 978 - 7 - 5201 - 3541 - 2
定　　价／79.00 元

本书如有印装质量问题，请与读者服务中心（010 - 59367028）联系

▲ 版权所有 翻印必究